江西科技师范大学2018年出版资助基金项目

能源新时代背景下
天然气全球格局分析

叶张煌　著

中国矿业大学出版社
·徐州·

图书在版编目(CIP)数据

能源新时代背景下天然气全球格局分析 / 叶张煌著.
—徐州:中国矿业大学出版社,2019.11

ISBN 978-7-5646-4229-7

Ⅰ.①能… Ⅱ.①叶… Ⅲ.①天然气工业—能源发展
—研究—世界 Ⅳ.①F416.22

中国版本图书馆 CIP 数据核字(2018)第 254428 号

书　　名 能源新时代背景下天然气全球格局分析
著　　者 叶张煌
责任编辑 史凤萍
出版发行 中国矿业大学出版社有限责任公司
(江苏省徐州市解放南路　邮编 221008)
营销热线 (0516)83884103　83885105
出版服务 (0516)83884895　83884920
网　　址 http://www.cumtp.com　**E-mail**:cumtpvip@cumtp.com
印　　刷 江苏苏中印刷有限公司
开　　本 787 mm×960 mm　1/16　**印张** 8.5　**字数** 162 千字
版次印次 2019 年 11 月第 1 版　2019 年 11 月第 1 次印刷
定　　价 36.00 元

目　　录

1 绪　论

1.1 研究背景

人类文明的历史就是一部学会使用能源、发现新能源和大量消耗能源的历史。能源是人类活动的物质基础，是经济发展和社会进步的动力。能源与国家经济安全密切相关，是世界各国的核心利益所在，也是大国博弈的焦点。统计表明，从 1850 年以来，国内生产总值(GDP)和能源消费量，人均 GDP 和人均能耗存在密切的正相关关系(王安建等，2008；于立宏，2008)。但物极必反，化石能源的过度消费正成为人类不可承受之重。

1.1.1 不可再生性

不可再生性使化石能源供应总体偏紧成为常态。储采比，又称储产比，指油(气)田剩余可采储量与当年产量之比，是油(气)资源储量的一个重要衡量指标。储采比越高，表明剩余可开采油(气)资源可供开采的时间就越长。据英国石油公司(BP)统计，1980—2013 年，全球天然气储采比保持在 50 年以上，石油的储采比大多在 50 年以下，天然气的形势好于石油，但两者呈逐渐接近的趋势，见图 1-1。

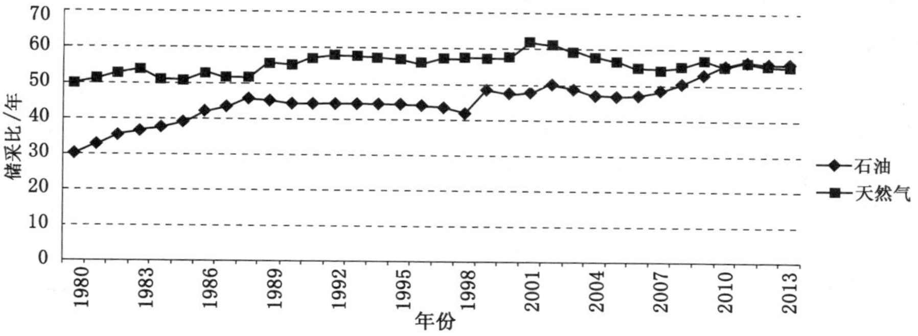

图 1-1　1980—2013 年全球石油、天然气储采比

(数据来源：BP，2016)

2013—2015 年全球化石能源储采比见图 1-2。2013—2015 年全球石油和天然气的储采比呈下降趋势，主要原因为国际能源市场低迷导致储量下降，而欧佩克国家集团放弃传统“限产保价”策略；煤炭的储采比则呈上升的势头，主要是因为以中国为代表的国家大幅压缩煤炭产能。尽管关于化石能源的增储问题存在不同观点，但不可再生的化石能源越用越少的事实却是毋庸置疑的。

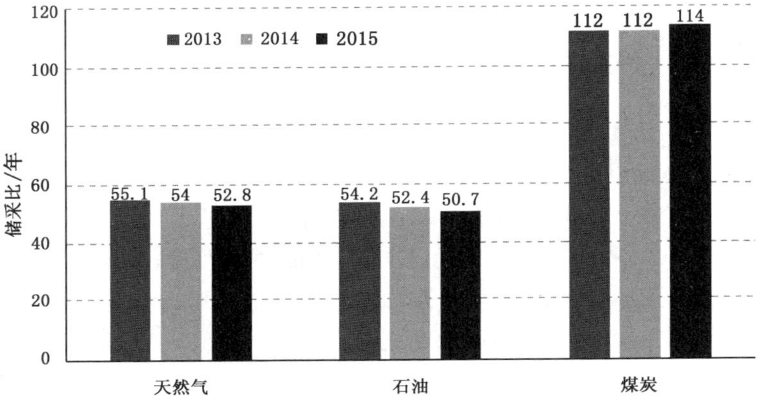

图 1-2　2013—2015 年全球化石能源储采比

（数据来源：BP，2016）

我国能源消费最突出的问题就是增长过快。2009 年，我国在一次能源消费量上首次超越美国，成为第一大能源消费国，一次能源消费总量为 2 322.1 百万吨油当量(MTOE)，比 2000 年增长了 1 319 MTOE，短短 9 年增长了 1.3 倍；2015 年一次能源消费量达到 3 014 MTOE，比 2009 年增长了 692 MTOE（图 1-3），2000—2015 年一次能源消费总量年增长率高达 7.6%。与此同时，中国能源消费占全球能源消费的比例也大幅飙升，从 2000 年的 10.7%攀升至 2015 年的 22.9%，增长态势十分明显（图 1-4）。2013 年前后是个分水岭，中国能源消费增速明显放缓，2015 年仅比 2014 年增长了 1.5%，笔者认为这是经济新常态在能源领域的表现，需进一步密切关注。

中国一次能源消费结构的最大特点就是“一高一低”。与 2013 年全球和其他典型国家能源消费结构比较，“一高”就是煤炭消费量高，煤炭消费比重达 67%，远高于全球 30%的平均水平，美国的煤炭消费比重仅为 20%，同为人口大国和发展中国家的印度也只有 55%；“一低”就是化石能源中的清洁品种天然

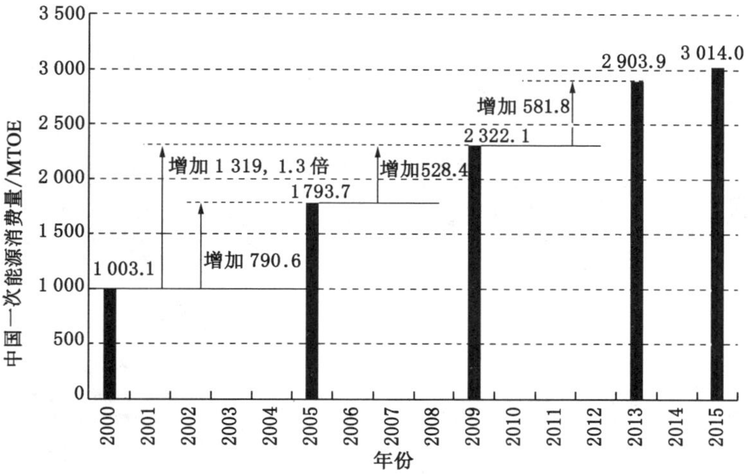

图 1-3　2000—2015 年中国一次能源消费量

（数据来源：BP，2016）

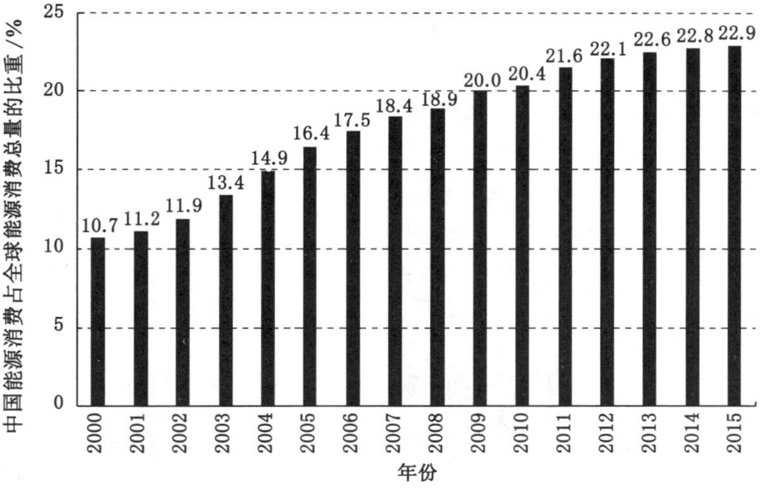

图 1-4　2000—2015 年中国能源消费占全球能源消费总量的比重

（数据来源：BP，2016）

气消费比重低，只有 5%，远低于全球 24%的平均水平，美国的天然气消费比重高达 30%，印度的天然气消费比重也达到 8%（图 1-5）。因此，我国一次能源消费结构亟待优化。

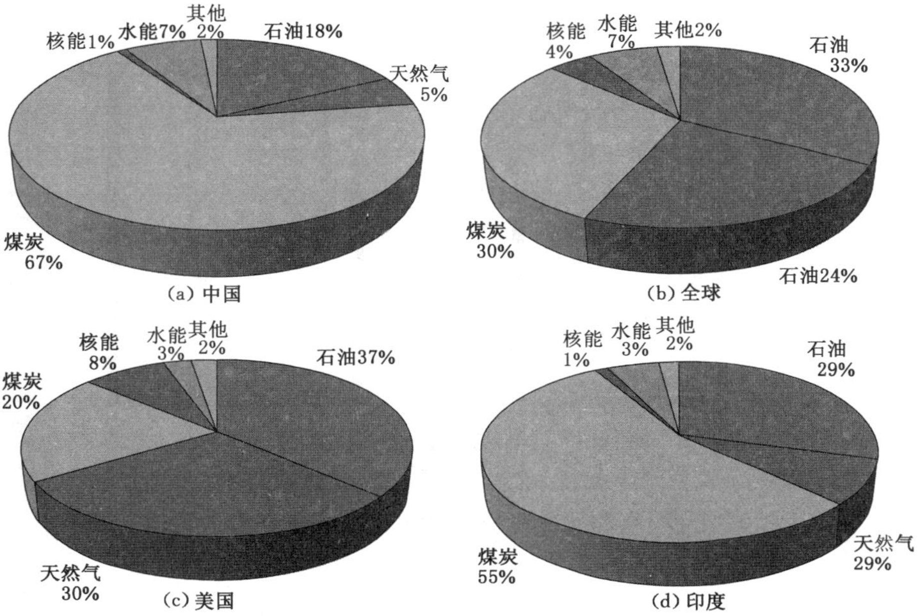

图 1-5　2013 年全球及典型国家一次能源消费结构

（数据来源：BP，2014）

但近几年我国能源消费出现了积极的变化。可喜变化之一，我国一次能源消费总量的年增量由 2003—2011 年的年均 2.1 亿吨标准煤，降至 2012—2013 年的年均 1.3 亿吨标准煤（图 1-6）；能源消费增速由 2003—2011 年的平均 8.1%降至 2012—2013 年的 3.7%（图 1-7）。

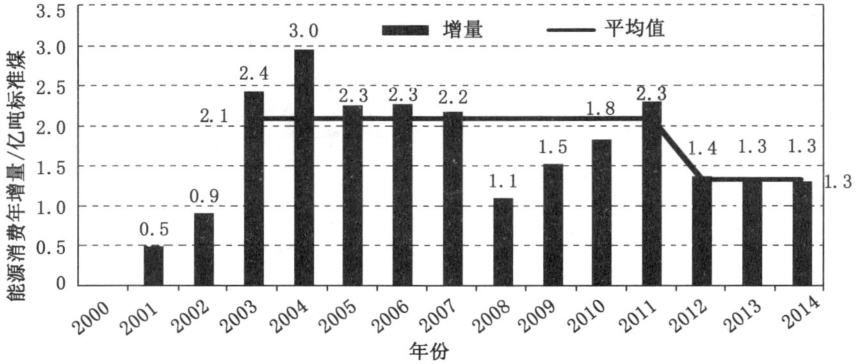

图 1-6　中国能源消费年增量

（数据来源：《中国能源统计年鉴 2015》）

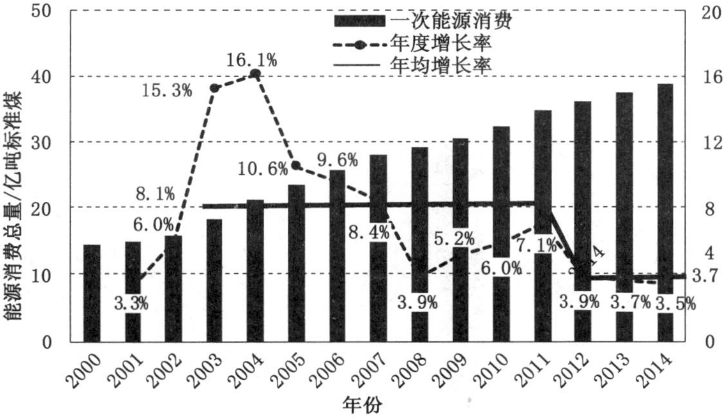

图 1-7　中国能源消费平均增速

（数据来源：《中国能源统计年鉴 2015》）

可喜变化之二，我国近年非化石能源占一次能源消费总量的比重不断增加，由 2006 年的 6.7％增长到 2013 年的 10.1％（图 1-8）。

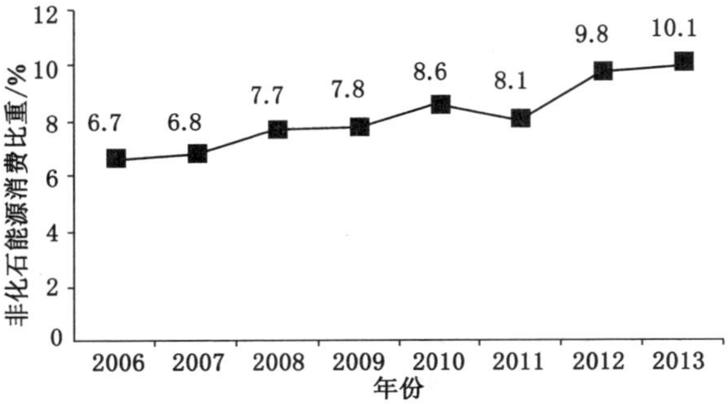

图 1-8　2006—2013 年中国非化石能源消费比重

（数据来源：《中国能源统计年鉴》）

在我国非化石能源消费构成中，水电比重很大，2013 年水电占一次能源消费总量的比重约为 7.7％，约占非化石能源消费构成的 75％，而真正取之不尽的风电占比还是很低的（图 1-9）。

从能源消费规律的角度看，我国能源消费与经济发展阶段是相适应的。2013 年我国人均能源消费量为 1.9 吨油当量，略高于 1.8 吨油当量的世界平均水平（图 1-10）。按照人均 GDP 与人均能源消费量的关系，我国人均能源消费量处于与其发展水平相当的世界平均水平（图 1-11）。

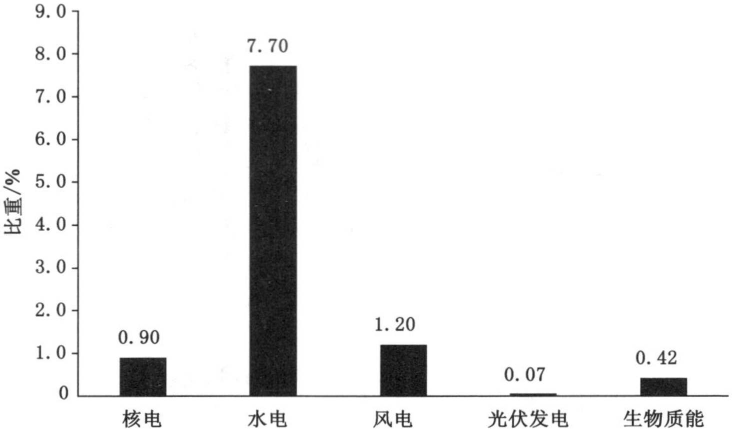

图 1-9　2013 年中国非化石能源构成

（数据来源：中国能源统计年鉴）

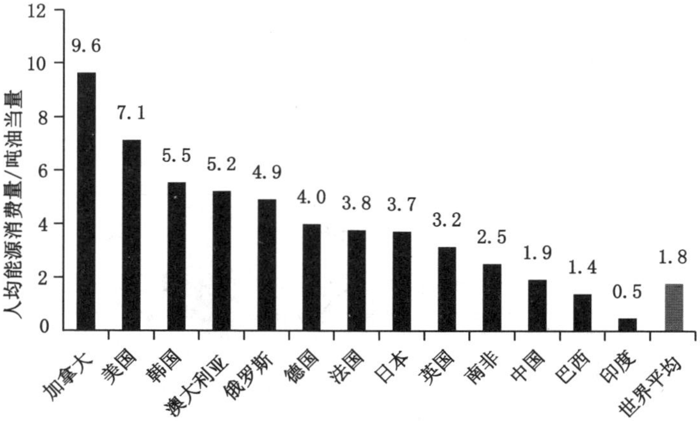

图 1-10　2013 年全球典型经济体人均能源消费量

（数据来源：BP，2014）

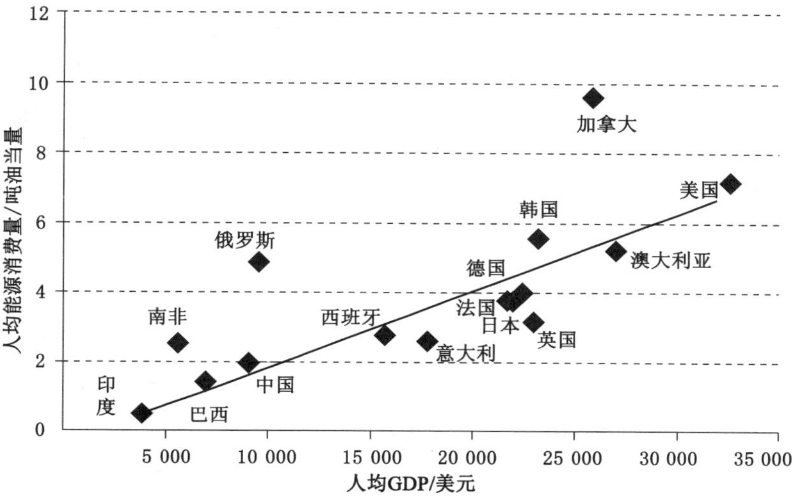

图 1-11 2013 年典型经济体人均能源消费量与人均 GDP 的关系

［数据来源：BP，2014；经济合作与发展组织（OECD），2015］

1.1.2 空气污染

历史上由化石能源消费引起的空气污染事件主要有 20 世纪四五十年代洛杉矶光化学烟雾事件和 20 世纪 50 年代伦敦烟雾事件，这两次事件均造成了重大的人员伤亡。近几年北京雾霾也引起广泛关注，甚至引发外交口水仗，给人们的生活和身心健康造成了严重的影响。

环境并非一个封闭的系统，特别是大气环境，最易受到周边的影响，因此空气污染治理要从区域上进行整体考虑。下面对京津冀一体化视角下的空气污染进行分析和横向比较。

2013 年，京津冀区域 13 个地级以上（含地级）城市空气质量达标天数比例范围为 10.4%～79.2%，平均为 37.5%；有 10 个城市空气质量达标天数比例低于 50%；以 PM 2.5 为首要污染物的天数最多，占 66.6%。但从重点区域 6 项污染物综合数据来看，京津冀所有城市均未达标。2013 年公布的全国空气质量最差 10 大城市中，河北独占 7 个，分别是邢台、石家庄、唐山、邯郸、衡水、保定和廊坊。京津也很难不受到影响。我国对大气中 PM 10、PM 2.5 的监测较晚，对污染源的科学研究还处于起步阶段。环保部开展了京津冀污染源分析，在已公布的北京研究成果中指出 PM 2.5 的 64%～72% 为北京本地产生，其他 28%～36%来自区域传输。

2013 年河北 GDP 总量占京津冀的 45.52%，但人均 GDP 仅为北京的 41.54%，天津的 38.87%。2013 年河北第二产业占河北 GDP 的比例达 52.16%，天津 50.64%，北京只有 22.32%（图 1-12）。与此不匹配的是，河北能源消费总量占京津冀能源消费总量的 66.29%，并且河北煤炭消费量占其能源消费总量的88.8%，远远高于北京的 25.4%和天津的 59.6%。河北高比例的煤炭消耗是京津冀地区雾霾现象形成的重要因素之一，2013 年河北二氧化硫（SO_2）排放量占京津冀二氧化碳排放总量的 76.5%，氮氧化物（NO_x）占 83.23%，粉尘占 88.9%。

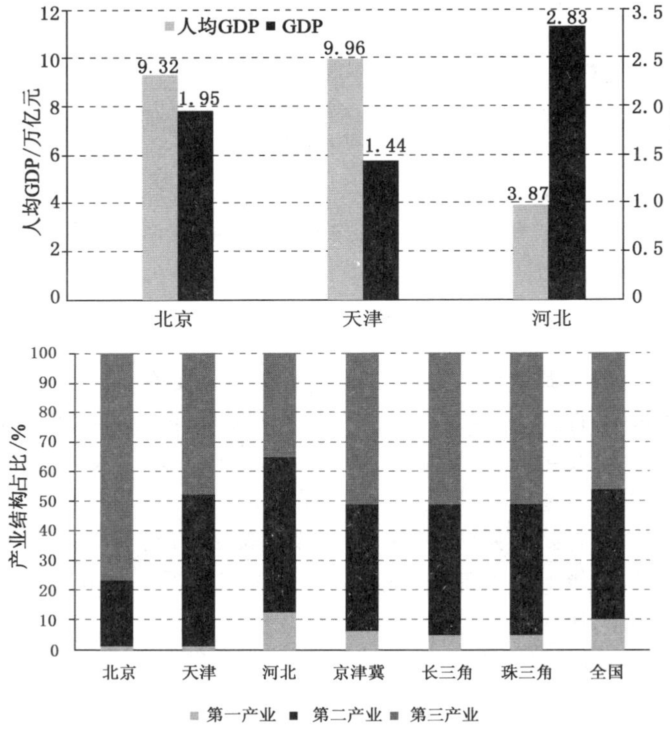

图 1-12　京津冀区域经济现状与产业结构

（资料来源：《中国统计年鉴 2014》）

京津冀、长三角和珠三角 3 个区域经济体的产业结构比例差异不大，其中第二产业占比均低于全国平均水平（图 1-12）。但从万元 GDP 的能耗来看，京津冀地区要高出长三角和珠三角 50%以上，万元 GDP 煤炭消耗要高出 1 倍左右。京津冀地区万元 GDP 的 SO_2 排放量达 13.31 千克，烟(粉)尘 10.64 千克，NO_x 18.23 千克，均比长三角和珠三角高出不少，尤其是万元 GDP 烟(粉)尘排放量约为珠三角的 7.2 倍。从单位面积的排放强度看，SO_2 和 NO_x 排放强度京津冀最低，但烟(粉)尘的排放强度也要高出另外 2 个区近 1 倍，高出全国平均水平 4 倍(图 1-13)。

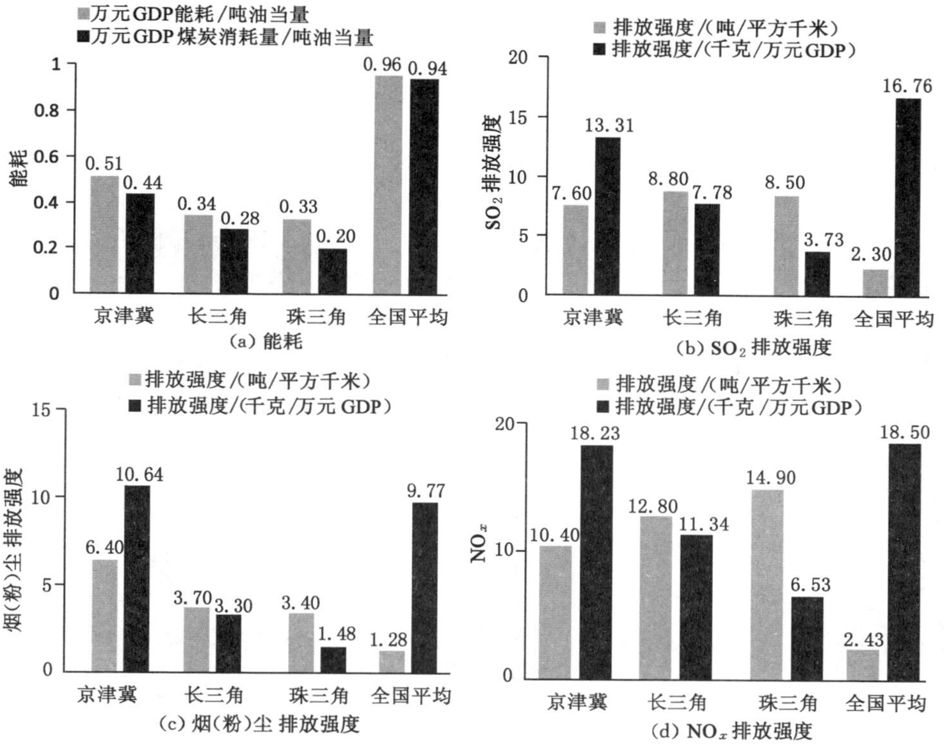

图 1-13 中国主要经济区域能耗和污染物排放强度对比

(资料来源:《全国环境统计年报 2014》,《中国统计年鉴 2014》等)

1.1.3 气候变化

世界工业革命以来，二氧化碳(CO_2)排放量的急剧增加是产生温室效应的主要原因，而化石能源对 CO_2 排放量的贡献率为 80%。大气中的 CO_2 平均浓度已从工业革命前的 0.0278% 上升至 2012 年的 0.0393%，增加幅度为 41.4%；2013 年全球 CO_2 排放量达到创纪录的 360 亿吨，较 2012 年增长 2.1%，较 1990 年增长 61%。2013 年全球主要 13 个碳排放大国的碳排放量为

255.66 亿吨，总全球总量的 72.85%。上述国家主要可以分为以下三类。第一，人口大国：中国、印度、美国、印尼、巴西、俄罗斯、日本。各国碳排放量和人口总量的契合度很高。碳排放量前 13 位的国家有 11 个为人口大国(人口排名位列世界前 25)。第二，工业发达国家：美国、英国、日本、德国、韩国、加拿大，上述 6 国均为经济合作与发展组织(OECD)成员国。第三，能源生产大国：伊朗、沙特。总之，主要由化石能源产生的温室气体导致过去 100 年的全球平均气温上升了近 2 ℃，地球生态环境被严重破坏。

我国 CO_2 排放量从 2004 年开始超过欧盟，2007 年开始超过美国，居各经济体第一位，2013 年我国碳排放总量约 95.2 亿吨，约占世界总量的 27.1%(图 1-14)。巧合的是，2013 年我国的碳排放量相当于全球排名第 14 位(含)之后的所有经济体碳排放之总和，而且我国 CO_2 排放的增量也居世界前列。国家海洋局发布的《2012 年中国海平面公报》显示，1980—2012 年，我国沿海海平面上升速率为 2.9 毫米/年，高于全球平均水平，与 2011 年相比，2012 年海洋灾害直接经济损失增加约 150%，海平面的上升将对我国的长江三角洲、珠江三角洲和黄河海河三角洲等造成威胁。但若从 1965—2013 年发达国家和发展中国家碳排放的累积量看，OECD 国家(仅 34 个成员国，代表发达国家)和非 OECD 国家分别占全球总量的 55%和 45%。

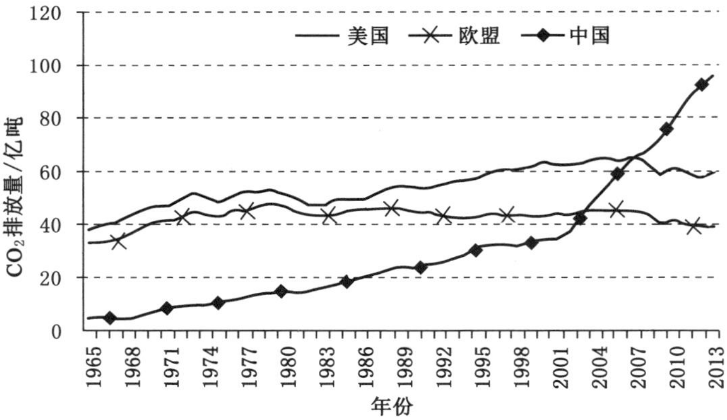

图 1-14　1965—2013 年全球典型经济体 CO_2 排放量

(数据来源：BP，2014)

根据《联合国气候变化框架公约》(UNFCCC)的报告，2012 年中国的碳排放主要来自能源活动，占到 77.27%，其次是农业和工业，分别占 10.97%和 10.26%，废料处理占到 1.5%。中国和能源相关的碳排放中，能源工业占总碳排放的 44.50%，制造业和建筑占 39.11%、交通占 7.17%、居民生活占 4.87%、商业占 2.53%、农林渔业占 1.24%。与其他国家相比，中国工业制造和建筑的碳排放占比远高于其他国家，能源工业占比略高于其他国家，交通行业占比远低于发达国家，商业和公共设施行业占比略低于发达国家(图 1-15)。中国所处的经济发展阶段和产业结构决定了现阶段中国碳排放的数量和结构。

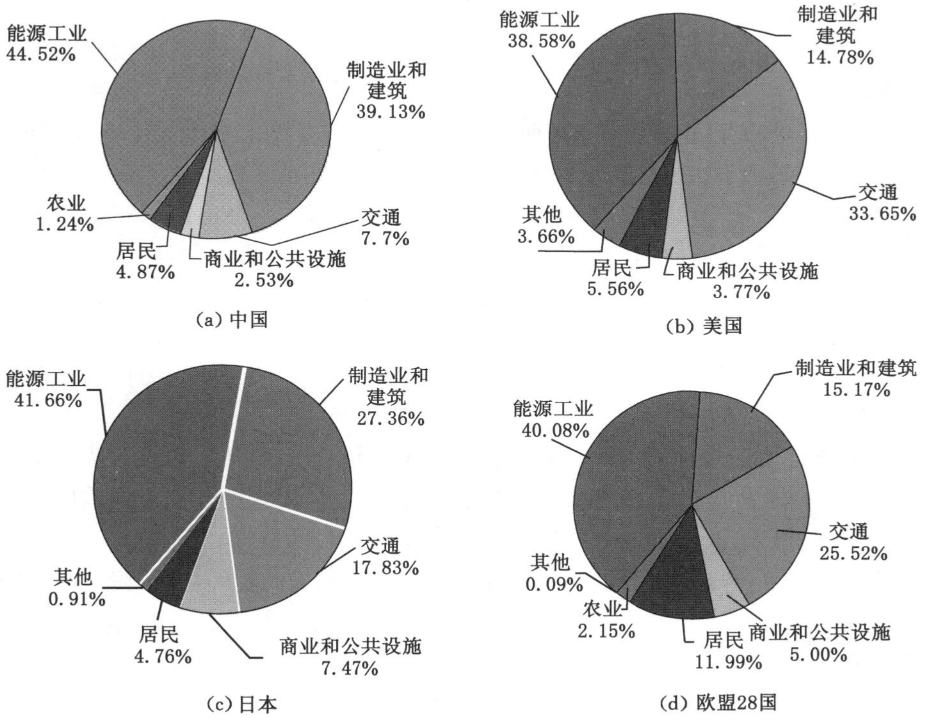

图 1-15 全球主要国家碳排放结构

面对潜在的全球气候变化问题，世界气象组织(WMO)和联合国环境规划署(UNEP)于 1988 年成立了联合国政府间气候变化专门委员会(IPCC)，IPCC 的评估为各级政府制定与气候相关的政策提供了科学依据，是联合国气候变化框架公约(UNFCCC)谈判的基础。1997 年发表的《京都议定书》(Kyoto Protocol)，为了将大气中的温室气体含量稳定在一个适当的水平，进而防止剧烈的气候改变对人类造成伤害，以法规的形式限制温室气体排放，要求发达国家从 2005 年开始承担减少碳排放量的义务，而发展中国家则从 2012 年开始承担减排义务。中国于 1998 年 5 月签署并于 2002 年 8 月核准了该议定书，也面临着温室气体减排的国际压力。2014 年 11 月 12 日，中美双方共同发表《中美气候变化联合声明》，声明强调，两国应对气候变化的行动是向低碳经济转型长期努力的组成部分并考虑到 2 ℃全球温升目标，美国计划于 2025 年实现在 2005 年基础上减排 26%～28%全经济范围的减排目标并将努力减排 28%，中国计划 2030 年左右 CO_2 排放达到峰值且将努力早日达峰，并计划到 2030 年非化石能源占一次能源消费比重提高到 20%左右。双方均计划继续努力并随时间而提高力度。由此可见，中国作为一个以煤为主要能源的发展中人口大国，控制 CO_2 排放量任务之艰巨。然而，环境保护是我国的一项基本国策，也是全球各国共同的责任。

党的十八大提出建设美丽中国，十八届三中全会提出了生态文明建设的目标；2014 年 6 月，中央财经领导小组召开会议，研究和部署我国能源安全战略，推动能源消费、供给、技术和体制四方面的革命，加大“一带一路”油气的合作力度，以绿色低碳为方向的能源消费将成为主流。实现上述发展目标的重要举措之一就是加快我国天然气的开发和利用，并逐渐提高天然气在能源消费结构中的比例。这对减少温室气体排放，缓解国际舆论压力都将起到显著的作用。可以预见以天然气为主的清洁能源在未来能源生产和消费结构中的地位将进一步凸显。

从能源消费规律看，能源消费结构的变化是社会经济发展的必然产物，大致经历了四个阶段。① 薪柴时代：工业革命前，人们用木柴生火做饭取暖，钻木取火、薪火相传、磨刀不误砍柴工等表达即是该时代的烙印。② 煤炭时代：第一次工业革命后，煤炭取代生物质能（木材）和原始水力，成为主要能源，诗句“爝火燃回春浩浩，洪炉照破夜沉沉”是这个时代的写照。③ 石油时代：第二次工业革命使石油取代煤炭，成为最主要能源，petrol-dollar（石油美元）是这个时代的特征。西方名言“The oil is black gold, but at the same time it is causing disaster devil.”反映了复杂的石油地缘政治。④ 能源的“战国”时代：第二次世界大战后进入了以化石能源为主、多种新能源为补充的新阶段，形成多足鼎立的能源消费结构（图 1-16）。能源消费的 4 个阶段昭示了薪柴—煤炭—石油—天然气的有序波次更替规律，其实质是一个脱碳增氢的过程。薪柴，1 个氢原子＋10 个碳原子；煤炭，1 个氢原子＋2 个碳原子；石油，2 个氢原子＋1 个碳原子；天然气：4 个氢原子＋1 个碳原子（罗伯特·海夫纳三世，2013）。可以预料，天然气是 21 世纪的能源，将成为世界第一能源。因此，研究全球天然气的消费规律、消费生产布局、供需贸易格局和未来需求，探讨我国的能源安全保障和措施是一件十分有意义的工作。

薪柴时代　煤炭时代

石油时代　能源的“战国”时代

图 1-16　世界能源消费结构的演变示意图

1.2　研究目的与意义

1.2.1　研究目的

本书通过研究全球天然气供需格局和贸易格局的变化以及国际市场运行机制，研判天然气供需格局的变化趋势，为我国积极参与国际天然气事务，扩大话语权，充分利用国际和国内资源，满足我国对天然气的巨大需求，为我国经济社会发展提供可靠的能源安全保障等提供参考。

1.2.2　研究意义

能源全球化背景下，天然气作为清洁的化石能源，研究全球天然气消费格局、生产格局、供需格局和贸易格局的变化，准确研判全球和我国天然气的未来需求，对于保障我国能源安全、应对气候变化和促进我国天然气工业的发展有很重要的现实意义和不可替代的战略意义。

我国天然气市场起步晚，但发展快，相关的管理体制、价格机制等均未完善，只有正确认识和处理这些问题，才能使我国的天然气工业不断完善和健康发展。这些问题主要可以归纳为以下三个方面：

（1）政策法规。政府对天然气市场的发育起宏观调控作用，与天然气相关的立法则是保证市场秩序的有力措施。目前，我国天然气行业的管理还不健全，随着天然气工业的发展，天然气市场会日趋复杂，需要制定一系列与天然气相关的法律法规，规范天然气市场的竞争局面，使政府监管有法可依。

（2）价格因素。价格一直是天然气市场发展中最为敏感的因素，是天然气市场发育的杠杆。天然气现行价格体系主要存在以下问题：单一的政府指导价不能充分反映资源开采成本和市场供求关系，而目前正在进行的市场净回值定价法虽然与市场挂钩，但由于其自身的缺陷，也容易产生垄断利润；管输费用定价不能够适应联网供气的要求；配气费用定价不能充分体现出灵活性和公平性。

（3）基础设施。我国天然气资源60%以上分布于经济落后的中西部地区，远离工商业发达、能源需求旺盛的沿海消费区，还有20%左右的天然气资源分布于近海大陆架。天然气生产区域与消费区域的空间错位，使天然气基础设施建设成为制约我国天然气工业发展和市场开发的瓶颈。

1.3 国内外研究现状和存在的问题

国外关于天然气资源和战略安全的研究机构主要有美国能源情报署(EIA)、英国石油公司(BP)、国际能源署(IEA)、法国石油研究院(IFP)和美国地质调查局(USGS)。下面着重介绍几个专注于天然气研究的著名机构：俄罗斯天然气科学研究院、美国天然气工艺研究院、加拿大能源研究院、国际天然气信息中心。

俄罗斯天然气科学研究院的前身是1948年成立的在苏联天然气工业部领导下的天然气科学研究院，现隶属国家控股的俄罗斯天然气公司。俄罗斯天然气科学研究院主要的工作领域为向俄罗斯及乌兹别克斯坦、哈萨克斯坦等前苏联国家天然气田和凝析天然气田、酸性天然气田开发提供相关的新技术、设计和工程技术服务，服务范围几乎覆盖了从天然气完井直到终端用户的全部技术领域。由于其代表国家的地位，天然气资源及发展预测、能源发展战略、生产系统的评价等宏观及软科学研究也在其研究范围之内。

美国天然气工艺研究院(GTI)是一个总部设在伊利诺依州的非营利性质的研究机构，2000年6月由两家著名的美国天然气研究机构GIR(气体研究院)和IGT(气体工艺技术研究院)合并而来，实行会员制，举办各种专业会议。该机构有两个主要研究方向：一是在联邦能源管理委员会及工业界和其他政府机构资助下进行研究工作，二是开展技术投资业务。

加拿大能源研究院(CERI),成立于1975年,是一个由政府和企业界共同资助的非营利性的研究机构,实行会员制,主要为政府和企业提供政策和发展研究。在天然气方面,它所进行的加拿大天然气储量及其开发前景研究具有权威性,出版了《加拿大天然气潜在供应和成本》(*Potential Supply and Costs of Natural Gas in Canada*),同时在加拿大天然气管道总体布局方案、环境和可持续发展方面也做了系列研究。

国际天然气信息中心(CEDIGAZ)是由欧洲几个石油和天然气公司于1961年创建的。当时天然气的信息均分散在浩如烟海的各种文献资料中,没有关于天然气的专门信息渠道,因此,创建收集和交流有关天然气信息的专门机构就显得尤为重要。CEDIGAZ的特色之一就是最大限度地集中和分享会员公司在天然气经营活动和市场方面的信息,2001年之前该机构每年出版年度世界天然气调查报告。

国内天然气的战略研究机构主要有中国地质科学院全球矿产资源战略研究中心、国土资源部油气资源战略研究中心、中国石油勘探开发研究院、中国石化石油勘探开发研究院以及国家发展和改革委员会能源研究所等。

1.3.1 天然气供需研究

天然气供应研究包括天然气资源及其供应潜力研究和天然气供应安全研究。

研究机构对天然气资源量和供应较一致的看法是全球天然气资源储量丰富,但分布不均。未来随着需求的不断增大、勘探技术的提高及非常规天然气的开发,全球天然气供应比较乐观。尤其是以美国为首的国家成功实现了页岩气的商业开采,改变了全球天然气的供应格局,进而影响到全球的供需格局,也将使全球的贸易格局发生转变。一般认为,美国页岩气革命将对全球天然气市场带来极大冲击。一方面,美国大大减少了对液化天然气(LNG)和加拿大天然气的进口,直接压低了全球的天然气价格,并可能因此最终“退出LNG市场”(秦园等,2011);另一方面,美国页岩气热潮在全球迅速蔓延,不但大型油气公司开始对非常规气表示出浓厚兴趣,并购拥有相应技术的公司,而且全球正在探讨美国的革命能否复制的问题(冯跃威,2012;罗佐县,2012;王淑玲等,2012;王立敏,2011;周庆凡等,2011;朱凯,2011,2012;李小地等,2011)。但如果油价太低可能影响到非常规油气的投资,甚至造成生产页岩油气的公司出现破产。天然气对石油的替代也受到了影响,这对于我们节能减排、治理雾霾也是不利的。在上一轮油价暴跌过程中,欧佩克决定维持原油日产量3000万桶的水平不变,其背后的真实意图昭然若揭。一般认为,当油价跌至70美元左右时,页岩油气开采者将无利可图，开发投入风险巨大，有学者建议采取税收优惠政策（高新伟等，2014）。人类战胜能源恐慌，是抑制传统能源价格暴涨的关键，而能够消除全球消费者顾虑预期的办法就是实现能源市场多元化，而能源市场多元化的现实突破口就是页岩气革命。因此全球的能源战略还需综合考虑，具有前瞻性。

研究表明，我国天然气资源具有以下几个特点。第一，资源总量较丰富，但是分布不平衡。根据国土资源部全国油气资源动态评价（2012 年）结果，我国天然气地质资源量 62 万亿立方米，可采资源量 37 万亿立方米。世界常规天然气可采资源量为 414 万亿立方米，我国天然气可采资源量约占世界的 9%，天然气资源量丰富。我国的天然气资源主要分布在塔里木、鄂尔多斯、四川、松辽、东海等 5 个盆地，合计占全国的 75.9%。天然气资源主要集中在西部地区。第二，勘探处于早期阶段，正在进入储量快速增长期。截至 2013 年底，我国在 26 个盆地中共探明天然气地质储量 11.61 万亿立方米（含溶解气 1.81 万亿立方米），技术可采储量 6.20 万亿立方米（含溶解气 0.56 万亿立方米）。地质资源量探明率为 18.7%，天然气勘探仍处于早期。第三，中国气田以中小型为主，大多数气田的地质构造比较复杂且丰度低，低丰度和特低丰度气田的探明储量占总储量的 50%以上（李秀慧，2013）。陆上的天然气资源中有 58.39%分布在埋深大于 3 500 米的中深地层中，多数为含硫化氢天然气，但目前对其成因机理和分布预测等方面的认识还比较有限（贺罡，2005），勘探开发难度大。

天然气供应安全研究包括可靠性、稳定性和长期性等，供应安全是天然气进口依存度较高的国家或者未来需要依赖于进口来满足国内天然气需求的国家关注的焦点之一。国际能源署（IEA）是以确保成员国能源供应稳定、可靠为宗旨的国际组织，对其成员国天然气供应安全进行研究与分析，包括政府在开放市场的功能与作用、现货和期货市场对天然气供应的影响、天然气合同的演变、电力用气和新技术对未来天然气供应的影响、LNG 在天然气供应中的作用。其研究报告还对 OECD 国家及其所在地区的天然气供应安全提出诸多建议，例如：在市场运行方面，政府应当制定明确的天然气供应安全政策、目标和不同参与者在供应安全中的职责；尽可能由行业实施管制，政府仅监督完成目标，提供必要的市场激励手段。

国内对天然气供应安全的研究，多从国内生产和进口两方面入手。研究认为天然气供应安全的影响因素主要有：资源、管线输送能力、储备量、气体钻井率、市场机制、技术问题等。进口方面的影响因素有国际进口价格话语权、气源地的不稳定因素，如俄乌关系、中东局势等。耿江波（2014）综合运用计量经济学、复杂网络、图论及运筹学等理论与方法，对中国液化天然气供应安全策略展开深入研究。

天然气需求研究主要包括天然气消费结构、消费地域结构和消费量分析、天然气消费政策研究、天然气需求预测等。

国际能源署(IEA)的年度报告《世界能源展望》是能源领域需求预测的代表作，在对能源和气候变化进行严格量化分析的基础上，评价全球能源系统面临的威胁和机遇，给出未来 25 年不同国家、不同燃料和不同行业在不同情景中的最新能源需求和供应预测。报告中包括 3 种全球情景和多项案例分析研究，核心情景是新政策情景。由于世界天然气工业及世界天然气市场每年都在发生变化，因此，各机构每年的预测数据都有一些差异。

国内对天然气需求量的预测不尽相同，但对其前景一直看好，因为天然气具有储量丰富(abundant)、价格适中(affordable)、符合环保要求(acceptable)等"3A"特征，因此能够成为"竞争性燃料"(单卫国，2011；邱中建等，2012)。预测方法包括神经网络法、指数平滑法、回归分析法、时间序列法、灰色系统法、能源消费弹性系数法、组合预测方法等。其中，用于中长期预测的方法包括弹性系数法、灰色系统法和回归分析法，用于短期预测的方法主要有时间序列法、神经网络法和指数平滑法(李宁等，2009，李君臣等，2010；李鹭光，2011，2012；张明涛，2007；杨建刚，2001；耿新宇等，1993；邓聚龙，2002；史立军等，2012)。针对以上各种预测方法所存在的缺陷，将两种方法结合在一起，便产生了组合预测方法，例如，将灰色系统与神经网络相结合、时间序列与神经网络相结合等方法(卜小平，2011)。

1.3.2 天然气市场研究

天然气市场研究主要包括天然气市场体制结构和运行机制、市场供需现状与趋势、政府的管制政策、天然气市场参与者的构成及其市场地位、所有制结构和发展战略等。

学者对全球天然气市场的历史、现状、特点和趋势进行了大量跟踪和分析(康建国等，2012；单卫国，2011；张明涛，2007；李宏勋，2001；中国石油集团经济和信息研究中心，2002；张孝松，2003；徐婷，2002；高寿柏，1999)。世界天然气市场还没有形成像原油市场那样统一的国际市场，主要分为北美、欧洲和亚洲三大区域市场。目前在北美，天然气有市场竞争制度，天然气价格主要受到市场供需影响，并且通过现货和衍生产品市场控制风险，同时北美地区天然气价格具有很明显的季节性变化，冬季的天然气价格明显高于其他季节，这主要是因为冬季取暖使得天然气需求增加导致天然气价格大幅上涨。在欧洲市场，其价格主要基于与其相竞争的能源如石油，近年来也逐渐向市场供需定价机制转变。亚洲采用国际原油价格作为其天然气价格的基准，主要表现为区域范围内的市场。针对不同区域天然气市场的特点和问题，一些学者构建了市场优化模型或方案。Rowse(1987)采用天然气分配跨期非线性优化模型分析了天然气出口、国内天然气价格与未来天然气供应成本之间的相互作用。Doane和Spulber(1994)分析了美国20世纪80年代的天然气市场结构，研究认为开放式低门槛的准入制度将有利于一个充满竞争的统一市场的形成。Golombek等(1995)采用博弈模型分析了西欧天然气市场完全处于自由竞争状态的情形，研究认为完全的市场化长期来看将使得西欧经济福利增长15%～20%。Gabriel等(2005)采用博弈模型分析了北美天然气市场。Schultz和Swieringa(2013)采用高频数据分析了英国和欧洲大陆天然气市场的价格发现情况，研究结果表明英国天然气期货价格相对于西北欧呈现出更好的价格发现功能。

学者一般将天然气市场划分为四个发展阶段。第一，国内市场阶段。在20世纪60年代之前，天然气仅在产气国作为能源商品，政府对天然气的价格和使用范围进行全面控制。第二，区域性天然气市场阶段。在20世纪六七十年代，随着大型气田相继被发现，天然气储量、产量快速增长，产气国政府开始对天然气放宽控制，天然气生产者向周边消费国出口天然气。第三，全球市场阶段。这是一个正在过渡的发展阶段，目前人们正努力使天然气作为全球能源商品，在统一的世界天然气市场进行贸易，但还需要创造一些条件，例如投入巨资建设输气管道和配气管网以加快全球天然气输配网络化，争取稳定的国际政治环境以妥善解决产气国和消费国的利益分配。第四，天然气取代石油成为第一能源的阶段。届时天然气在世界能源消费结构中占据首位，按照目前的发展趋势，天然气取代石油成为第一大能源的时间可能在21世纪中叶。越来越多的学者采用定量方法分析天然气市场，如Lise和Hobbs(2009)在考虑需求、供给及库存的情况下构建了动态的天然气市场模型，分析了2005—2030年欧洲天然气市场中不同的天然气生产者策略对天然气价格的影响。

在世界天然气市场也有类似于石油输出国组织(OPEC)的天然气出口国论坛组织。天然气出口国论坛组织于2001年5月在伊朗首都德黑兰成立，目的是促进天然气出口国之间的天然气生产，并且可持续有效地开采利用资源，截至2013年，成员国有俄罗斯、卡塔尔、伊朗、阿尔及利亚、阿拉伯联合酋长国、玻利维亚、赤道几内亚、埃及、尼日利亚、阿曼、特立尼达和多巴哥、利比亚及委内瑞拉，观察成员国为哈萨克斯坦、伊拉克、荷兰和挪威等国家。这些成员国在世界天然气市场上占有重要的地位，其天然气总储量大约占世界现有天然气探明储量的62%。但目前天然气出口国论坛组织还没有发挥像OPEC在国际石油市场中那样的作用，后续作用有待进一步观察。

对我国天然气市场进行动态分析的文献也非常多(肖建忠等，2012；牛建娣，2007；杨建红，2005；庞名立，2001；张铁斌，2002；周志斌，2008；周志斌等，2009；刘小丽，2010)。归纳起来，中国天然气市场有以下几个特点：第一，经历了零散市场向区域市场乃至全国性大市场的演变，但是市场发育仍然不成熟。第二，管网的建设推动了天然气市场网络的聚集，市场呈现出中西部资源产地和东部消费地的供需分离特征。第三，我国天然气供不应求，存在明显缺口，定价机制不能反映市场的供需变化，天然气工业上中下游发展不协调，“三大油”公司也没有真正建立起现代企业制度。

1.3.3 天然气价格研究

国际天然气价格研究关注的焦点是天然气价格的形成机制、未来趋势和应对巨幅波动的策略。早期三大区域市场的天然气价格都是参照国际原油价格来制定，其后不同区域天然气市场得到不同程度的发展。北美市场最早形成了亨利港(Henry Hub)天然气交易中心，使得北美天然气市场从以国际原油价格为基准的定价方式逐渐转变到现在完全依靠市场供需定价的定价机制。英国也追随美国的脚步打破了英国天然气公司的垄断地位，开始实施天然气价格由市场供需决定的定价机制，1994 年英国天然气交易中心(NBP)成立。随后欧洲大陆在 2003 年也颁布了开放天然气市场的相关法规，形成了比利时 Zeebrugge Hub 和荷兰 Title Transfer Facility 天然气交易中心。欧洲天然气现货与长期合同价格虽然主要参照国际原油价格定价(Asche 等，2013)，但欧洲的天然气定价正在逐渐向市场化定价机制转变。在亚洲市场，由于区域市场发展的不成熟及天然气交易中心的缺乏，天然气长期合同价格完全参照国际原油价格，因此使得亚洲天然气价格明显高于北美天然气价格，而且直接受到国际原油价格波动的影响。Mazighi(2005)比较了 Henry Hub 和 NBP 天然气价格特征，同时分析了哪个价格将最具有成为国际天然气标杆价格的潜力。

关于天然气的价格影响因素，大量研究的焦点集中于原油价格与天然气价格之间的关系，分析两者之间是否存在分离。Panagiotidis 和 Rutledge 分析了 1996—2003 年英国天然气价格与布仑特原油价格之间的关系，研究结果表明两者存在协整关系，这与 Asche 等(2006)和 Villar 等(2006)以及其他学者的研究结论是一致的。Ates 等(2011)采用递归协整估计方法分析了原油价格与天然气价格之间的关系，结果表明原油价格与天然气价格之间存在稳定的长期均衡关系。Tonn 等(2010)采用小波分析方法分析了天然气期货价格与原油期货价格之间的关系，结果表明在高频部分两者之间存在高度的相关性，但是在低频部分相关性很弱。Hartley等(2008)采用VECM模型研究了天然气价格与原油价格产生短期分离的影响因素,发现天气、天然气库存、飓风及其他季节性因素对两者价格短期动态关系有着显著的影响。Ramberg和Parsons(2012)则认为,尽管天然气价格与原油价格存在短期分离,但是天然气价格与原油价格仍然存在长期的协整关系。然而,另外一些研究则认为天然气价格与原油价格之间已经发生了分离。Loungani和Matsumoto(2012)研究发现美国天然气价格与原油价格发生了分离,这可能是由于美国的页岩气革命使得美国天然气产量增加而导致天然气价格下降。Erdös(2012)研究发现在2009年之前,美英的天然气价格与原油价格均存在长期均衡关系;2009年后,英国天然气价格与原油价格仍然存在长期均衡关系,然而美国天然气价格与原油价格存在分离现象。Atil等(2014)采用非线性自回归分布滞后模型分析了从原油价格到天然气价格的价格传导机制,结果表明原油价格对天然气价格的作用机制是非线性和非对称性的,其中油价负向的冲击作用要大于油价正向的冲击作用。

天然气价格不仅受到国际原油价格的影响,同时也受到天气、天然气库存、天然气产量等多因素的影响。Roesser(2009)分析了天然气价格波动的影响因素包括天气、天然气产量、库存、进口量、基础设施的约束、全球天然气需求、油价与天然气价格的相关性、美元价值及商品投机等因素。Henning等(2003)分析了天然气价格波动的驱动因素包括天气、燃料转换、国际原油价格、天然气终端使用需求的增长及投机因素。Brown和Yiicel(2008)的研究结论表明在考虑季节、天气、天然气库存及天然气产量减少等因素对天然气价格影响的情况下,原油价格对于天然气价格仍然起着重要的决定作用。自回归条件异方差模型分析天然气期货价格波动的影响因素表明季节性及未平仓合约对于其价格波动有显著影响(Serletis et al.,2006)。同时,天然气与其他能源存在替代关系,其价格也受到能源发展政策及其他能源价格的影响(Wiser et al.,2007)。Whistance和Thompson(2010)分析了生物质能能源政策及谷物乙醇产量的增加对美国天然气价格的影响。Whistance等(2010)分析了美国生物质能政策和乙醇关税对美国天然气市场的直接影响,基于现有技术及政策而快速增长的乙醇产量很可能导致更多对玉米和耕地的需求,这两个因素直接或间接增加了天然气的消费量,从而促进天然气价格的上涨。除此之外,信息的公布也对天然气价格产生显著影响。Mu(2007)研究发现天然气库存报告发布当天,天然气的价格波动率明显要高一些,这表明关于市场基本面信息的披露对于天然气价格波动率有重要影响。Kalashnikov等(2010)采用时间序列分析法分析了美国天然气价格与天然气消费量之间的关系。Maxwell和Zhu(2011)分析了美国

LNG 进口量、Henry Hub 天然气价格及 LNG 运输成本之间的关系，发现相对于运输成本，天然气价格对 LNG 进口量冲击要大一些。Arora 和 Lieskovsky(2014)研究则表明，2000 年以来，天然气价格主要受到天然气供应、天然气库存及石油市场中重大事件等因素的影响。Chiou-Wei 等(2014)分析了 EIA 每周公布的天然气库存报告对美国天然气期货与现货价格的影响，表明天然气期货价格先于现货市场做出反应，市场参与者依赖于天然气市场基本信息而对价格做出预判，天然气库存水平对天然气价格产生重要预期影响。

关于天然气价格未来走势，学者较一致的看法是：地区的价格差距逐渐缩小，亚洲气价将稳步攀升，逐渐接近西欧和美国的水平；全球天然气市场已初见端倪，世界天然气价格有可能像油价一样形成一个市场基准价；油价与气价紧密相关，天然气价格将追随油价涨落，基于相互间的替代关系，油价的涨落将决定非常规天然气的命运；天然气市场正由买方市场转向卖方市场；页岩气革命促使美国气价走低，如页岩气在其他国家也得到大规模的开发，必将极大地影响全球天然气价格的走势。

国内天然气价格方面的研究着力于探讨中国的天然气价格水平的高低及定价方法的不合理性，提出价格改革的对策及价格改革的配套措施(李永波，2009；刘满平，2012；龙筱刚等，2009；崔艳，2008；王红晨，2007；赵连增，2011；樊明武，2006；李婷等，2006；霍小丽，2008；周志斌等，2008；周志斌，2011；罗伟中等，2012)。从整个天然气供应链来说，天然气须经过上游勘探生产、中游管道运输和下游配气三个环节，才能最终到达消费者。在各个环节的交接处，都产生相应的价格，具体包括：天然气开采后经过生产环节形成天然气井口价，经过高压管道运输到各地区城市门站形成门站价，再由地方配气系统通过配气环节并采用低压管道运输到消费者手中，形成终端用户价。我国对天然气定价也相应地实行分段管理，其中国家发展改革委负责井口价和跨省管输价的管理和制定，各省发改委负责省内管输价和城市配气价的管理和制定。

目前天然气有四种定价方法。一是成本加成法，二是市场净回值定价法，三是成本加成和市场净回值定价相结合的方法，四是市场定价法。我国除了两广地区实行市场净回值定价法试点改革外，其他地区还是以成本加成法为主。成本加成法即依据天然气成本价加合理利润并兼顾用户承受能力来确定天然气价格。这种定价方法虽然考虑到成本因素和一定的利润空间，但忽视了市场因素。我国对天然气进行定价始于 1956 年，至今进行了若干次改革(表 1-1)。

表 1-1　我国天然气价格改革历程

井口价	1987 年之前	国家定价
	1987—2005 年	“双轨制”定价(国家定价和国家指导价)
	2005 年至今	国家指导价
	2011 年	两广开展天然气价格试点改革,将成本加成定价法改为市场净回值定价法。由各省统一制定门站价格,供需双方可在不超过这一价格水平的前提下,自主协商确定交易价格。即将天然气的销售价格与由市场竞争形成的可替代能源价格挂钩,在此基础上倒扣管道运输费后回推确定天然气各环节价格
管输价	1984 年以前	比照原油管道运价
	1984 年至今	政府定价:老线老价、新线新价,一线一价(老线价低,新线价高,基本上都是政府定价)
	2018 年 5 月	将居民用气由最高门站价格管理改为基准门站价格管理,价格水平与非居民用气基准门站价格水平相衔接,不再区分居民和非居民用气价格
配气价	2016 年 1 月至今	居民天然气阶梯价格正式执行,按 1∶1.2∶1.5 比价实行超额累计加价
	2018 年 5 月	将居民用气由最高门站价格管理改为基准门站价格管理,价格水平与非居民用气基准门站价格水平相衔接,不再区分居民和非居民用气价格

学者对我国天然气价格水平的认识不尽相同,一些观点认为国内气价太低,应该进行天然气价格改革以提高国内天然气的价格,使之与国际接轨(许永发等,2011)。进口气价与国内气价倒挂,不利于国外天然气的大规模进口和天然气企业进行成本管理。也有一些相反的观点,认为中国气价并不低,比较有代表性的国际能源署(IEA),在其发布的报告《天然气定价与监管:中国面临的挑战与国际经验借鉴(2012)》中指出,相比大多数非 OECD 国家来说,中国天然气价格相对较高;即使对比某些 OECD 国家终端用户价格,中国的天然气价格也较高,尤其是美国 2011 年的工业用气价格大约在 5 美元/百万英热①。但是研究人员对我国天然气定价机制的市场化改革方向却高度一致(马宝玲,2014;王国樑等,2007;吴灿奇等,2012),原因是政府干预过多使得天然气定价机制对

① 1 百万英热约等于 28.3 立方米,下同。

供求关系的变化不敏感,不能适应天然气工业快速发展的现状,成本加成法已经不适应我国目前天然气产业的新格局,现行的定价机制没有理顺与可替代能源及环境成本的价格关系,因此迫切需要改革。

1.3.4 天然气贸易研究

关于全球天然气贸易模型的探讨,较早和较为著名的是 Hartley 和 Medlock 1970 年构建的世界天然气贸易模型,其利用相关经济学理论及地理信息来分析和预测国际天然气市场。之后类似的研究还有 Beltramo 等(1986)构建了北美天然气贸易模型。Messner(1986)构建了天然气贸易模型(GATE),分析考虑了欧洲天然气贸易参与者的决策行为,结果表明该模型在模拟未来天然气贸易发展策略时是有效的。Lund 和 Marina(2006)分析了一个完全竞争的欧洲天然气市场是否能够刺激俄罗斯天然气公司(Gazprom),从而改变其出口行为。Holz 等(2008)构建了欧洲天然气供应模型(GASMOD),通过构建静态的两阶段博弈模型分析出口到欧洲的天然气市场情况。Egging 等(2008,2010)构建了欧洲天然气市场系统的可计算均衡模型和模拟世界天然气市场的世界天然气模型。Szikszai 和 Monforti(2011)构建了 GEMFLOW 模型分析所考察区域内天然气供应中断时的情景。Logan 等(2013)采用 ReEDS 模型预测 2050 年美国的天然气发电情景。Aguilera (2014)采用全球能源市场模型(Global Energy Market, GEM)分情景预测 2030 年亚太地区天然气的市场份额。

关于全球天然气贸易形势的分析中,Mazighi(2003)分析了 1970—1997 年世界天然气贸易演化过程,研究结果表明世界管道运输天然气贸易与 LNG 贸易存在强相关关系。Mazighi(2006)讨论了天然气全球化市场形成的驱动力,分析指出天然气贸易全球化的形成不仅同不断增长的天然气需求有关,同时也与天然气出口国以短期合同出售天然气的意愿有关。IEA(2011)认为北美非传统天然气产量的上升产生了区域性及全球性的影响,很大程度上减少了美国天然气的进口需求。

1.3.5 存在的问题

关于天然气供需现状、需求预测以及产业发展战略的研究数量众多,研究成果也比较客观地反映了全球天然气消费现状和工业发展现状,对未来需求的预测也有一定依据,尤其提出了较为中肯的政策建议和发展战略,但这些研究也存在一些问题和缺陷。

(1) 关于供需格局的研究多是针对单个国家或地区,或者某个短时期内的供需情况,少有对全球范围未来较长时间尺度进行的科学预测,缺乏长尺度的全面战略性研究。

（2）天然气需求预测方法各有千秋，但普遍缺少资源需求理论支撑，对资源需求与经济社会发展各要素之间内在规律掌握不够，造成预测结果普遍存在较大偏差。

（3）提出的资源战略仍旧是为了满足目前粗放型经济增长状况下的产业发展需求，并没有反映出经济转型对资源战略的影响。

（4）对于天然气对外依存度的判断过于简单化，并不能科学准确反映中国天然气资源对国外市场的依赖程度，提出未来中国天然气工业发展战略时缺乏全球观。

为了弥补当前国内外研究的缺陷，笔者大量搜集全球主要国家及中国的长尺度的经济、人口、资源等相关数据，并进行逐一比对分析，从而保证所采用的数据科学、合理、完整并具有时效性，在此基础上进行翔实科学的研究，并通过系统分析全球经济社会格局转变及中国经济转型的大背景，研究全球及典型国家天然气资源供需的历史、现状、贸易格局，研判未来需求。

1.4 主要研究内容

本书的研究内容主要包括以下几个方面。

（1）系统分析了过去50年全球天然气的消费历史，包括天然气消费量、在一次能源消费中的比重变化、主要国家和地区的消费情况、典型国家的部门消费结构等。

（2）系统分析过去50年全球天然气储量和生产历史，对重点地区和国家的天然气资源情况做了详细分析，结合资源现状和各国政策等因素研判了全球和重点国家未来的资源潜力。

（3）对全球天然气贸易的历史及现状、各大区域天然气市场的运行机制、全球主要进出口国家的贸易情况做了详细介绍，分析了全球天然气贸易格局的现状和变化。

（4）根据世界银行、OECD等权威机构对资源、人口、经济、环境的预测，运用中国地质科学院全球矿产资源战略研究中心的矿产资源需求S形规律，对全球2040年前的天然气需求量进行预测，从部门消费的角度对预测值进行了进一步的评估和修正，并分析了未来的供需差额。

（5）对中国天然气的消费、生产和可供性等情况做了详细分析，并预测了未来中国天然气的需求和生产数量，基于供需差额提出了中国天然气的保障建议。

1.5 研究方法与技术路线

本书以软科学研究项目“境外油气资源配置及信息跟踪”为依托，在文献理论研究和长尺度数据统计分析的基础上，定量分析与定性分析相结合，理论联系实际。

(1) 文献理论研究

在大量收集天然气供需和产业发展文献的基础上，遴选出针对性强有研究价值的文献资料，进行系统分析，加强理论研究借鉴吸收相关的理论方法。同时进一步查阅相关的经济学、资源经济学、能源经济学、地缘政治学等方面的书籍，总结最新的研究成果，明确本研究的方法和技术。

(2) 比较分析法

分析国内外现状及新形势，在充分考虑政治、经济、社会和地理等多方因素的前提下，对全球和各国天然气的储、产、消、贸和价进行全方位的纵向与横向对比分析。

(3) 定性研究与定量分析相结合

定性研究的主要方式是理论分析和逻辑推理；定量分析的主要是构建数量模型，运用数学方法，对研究对象进行量化研究。本书采用定性与定量相结合的方法来对天然气供需格局的历史和未来趋势进行研究，方法手段相互印证，取长补短。

本书的定量数据主要来自英国石油公司(BP)、国际能源署(IEA)、美国能源情报署(EIA)、美国地质调查局(USGS)、中国矿业年鉴、中国统计年鉴、中国能源统计年鉴、CEIC中国经济数据库、荷兰格罗宁根大学增长和发展研究中心(GGDC)、世界银行、国际货币基金组织(IMF)和联合国统计署等国内外权威统计机构，包括经济发展、人口增长和资源需求方面的数据，并对天然气消费量、储量、产量、贸易量和价格等历史数据进行系统统计分析，可信度较高。

本书的研究思路可概括为时间上从过去到现在望将来，空间上从全球到大洲看中国，系统研究全球天然气消费、供应、贸易的历史和现状，科学预测2040年前全球天然气需求，分析中国天然气未来供需趋势和缺口，提出中国天然气保障的对策建议。具体研究技术路线见图1-17。

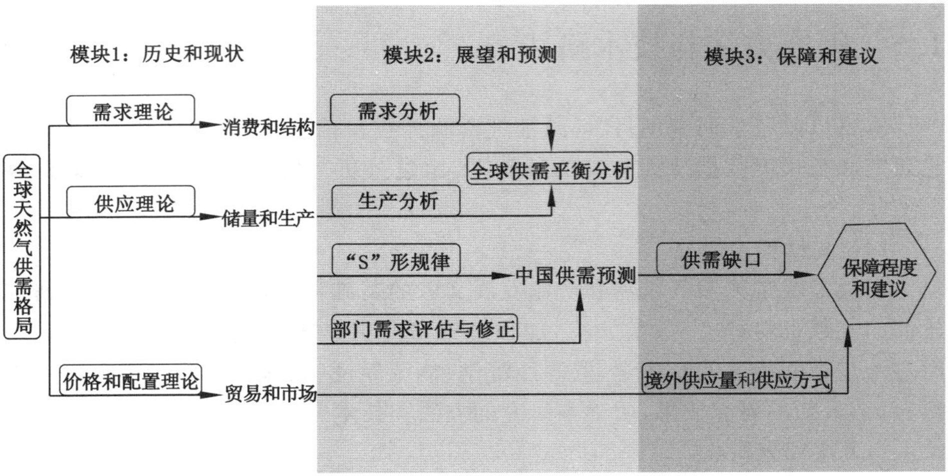

模块1：历史和现状
模块2：展望和预测
模块3：保障和建议
全球天然气供需格局
需求理论
消费和结构
需求分析
全球供需平衡分析
供应理论
储量和生产
生产分析
“S”形规律
中国供需预测
供需缺口
保障程度和建议
部门需求评估与修正
价格和配置理论
贸易和市场
境外供应量和供应方式

图 1-17　技术路线图

2 相关理论概述

2.1 经济学基本原理

2.1.1 需求理论

需求是指消费者在某一特定时期内，在某一价格水平上愿意并且能够购买的一定数量的物品和劳务。消费者购买欲望和能力是需求产生的两个前提条件。需求定理就是需求与价格之间呈反向变动。将不同价格下消费者对某一商品的需求量的各种组合用坐标图形表示出来，就是需求曲线（格里高利·曼昆，2012）。

在经济学中，需求的变化分为两种：需求量变化和需求水平变化。需求量变化，是指在影响需求的其他因素，如消费者收入、相关商品价格、消费偏好等保持不变的情况下，只是商品本身的价格变化所引起的对该商品需求量的变化，价格从 P_1 降到 P_2，需求量从 Q_1 增加到 Q_2（图 2-1）。需求水平变化，是指在商品本身的价格保持不变的情况下，由影响需求的其他因素，如消费者收入、相关商品价格、偏好等所引起的需求的变化，当消费者收入增加时，需求曲线右移至 D_3，需求量增加到 Q_3，当消费者收入减少时，需求曲线左移至 D_1，需求量减少到 Q_1（图 2-2）。

需求弹性是指需求对价格和其他因素变化的敏感程度，分为“需求的价格弹性”、“需求的交叉弹性”和“需求的收入弹性”（格里高利·曼昆，2012）。需求的价格弹性等于需求量变化的百分比除以价格变化的百分比。影响需求的价格弹性的因素有：购买某种产品的价格在消费者总支出中的比例、时间长短、找到替代品的难易等。需求的交叉弹性指甲产品需求量变动的百分比除以乙产品价格变动的百分比。如果乙产品价格上涨引起甲产品需求增加，那么二者为替代品，如天然气和石油；如果乙产品价格上涨引起甲产品需求减少，那么二者为互补品，如汽车和汽油。需求的收入弹性等于需求变化的百分比除以收入变化的百分比。

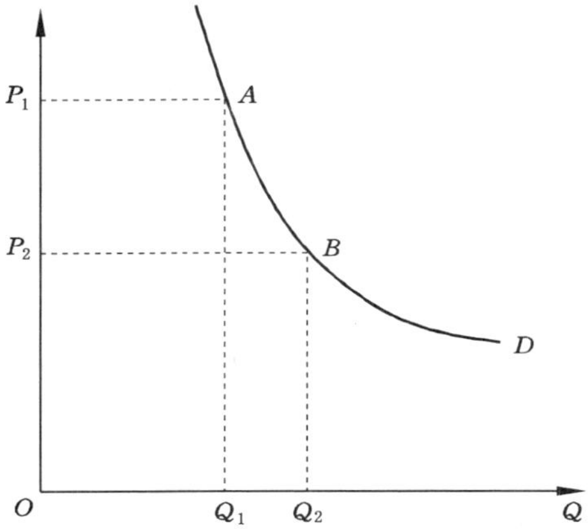

图 2-1 需求量的变化

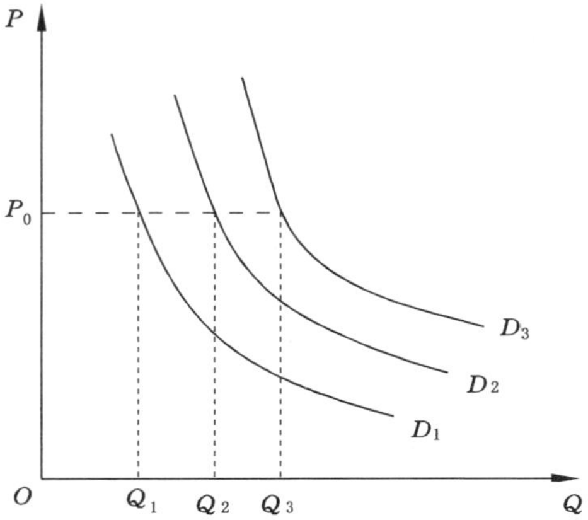

图 2-2 需求水平的变化

2.1.2 供给理论

供给是指生产者在某一特定时期内,在某一价格水平上愿意并且能够出售的商品或者劳务的数量。生产者有出售的愿望和有供给的能力是供给发生的两个必要条件。供给定理就是指供给量和价格之间呈正向变动。将不同价格下生产者对某一商品的供给量的各种组合用坐标图形表示出来,就是供给曲线(格里高利·曼昆,2012)。

经济学上供给的变化也分为两种:供给量变化和供给水平变化。供给量变化,是指在影响供给的其他因素,如生产目的、生产成本、要素价格、生产技术等保持不变的情况下,只是商品本身的价格变化所引起的该商品供给量的变化,价格从 P_1 涨到 P_2,供给量从 Q_1 增加到 Q_2(图 2-3)。供给水平变化,是指在商品本身的价格保持不变的情况下,由于影响供给的其他因素,如生产成本、要素价格、生产技术等所引起的供给变化,当生产成本增加时,供给曲线左移至 S_1,供给量减少到 Q_1,当生产成本降低时,供给曲线右移至 S_3,供给量增加到 Q_3(图 2-4)。

供给的价格弹性用于衡量供给量对价格变动的灵敏程度,通常用供给量变动百分比除以价格变动百分比来计算供给的价格弹性,如果供给量对价格变动的反应很大,就说这种产品的供给富有弹性,如果供给量对价格变动的反应很小,就说这种产品的供给缺乏弹性(格里高利·曼昆,2012)。

2.1.3 供需相互作用

需求曲线或供给曲线仅表示消费者或生产者单方面的意愿。只有在某一

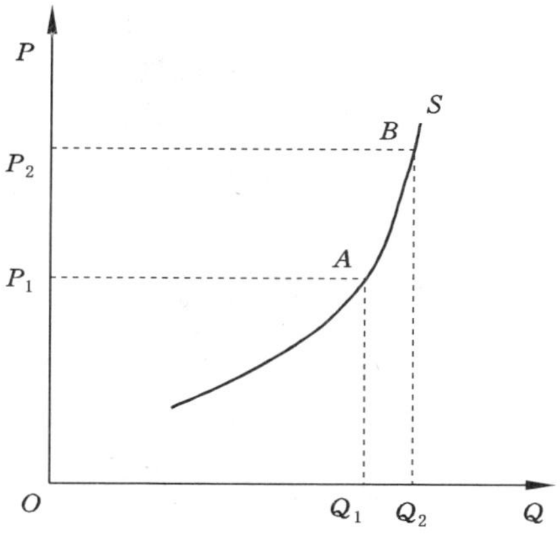

图 2-3 供给量的变化

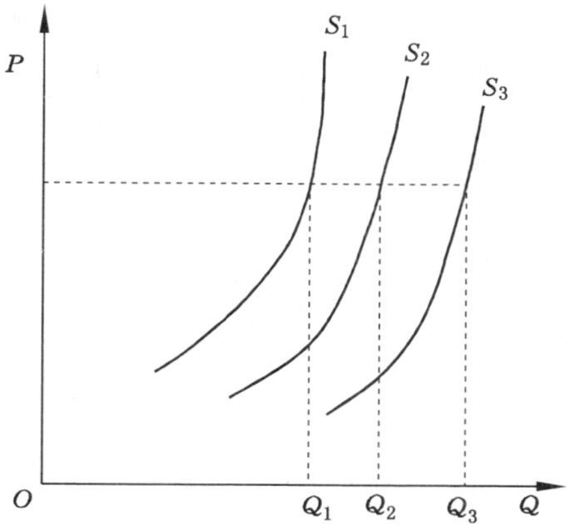

图 2-4 供给水平的变化

价格水平下，消费者和生产者愿意买卖的数量达成一致时，市场交易才会发生，这时形成的价格就是均衡价格。均衡价格的形成是在完全自由竞争的条件下，通过市场供求的自发调节而形成的。当价格为 P_1 时，供给量为 Q_{1s}，而需求量仅为 Q_{1d}，供给量大于需求量（$Q_{1s}>Q_{1d}$），这时价格会自动下跌；当价格为 P_2 时，供给量为 Q_{2s}，而需求量为 Q_{2d}，供给量小于需求量（$Q_{2s}<Q_{2d}$），这时价格又会自动上涨。通过价格几次上涨下跌的变动后，达到市场均衡，即商品的供给量和需求量达成一致，都为 Q_e，价格也暂时稳定在 P_e（图 2-5），即亚当·斯密所谓的“看不见的手”在发挥作用（格里高利·曼昆，2012）。

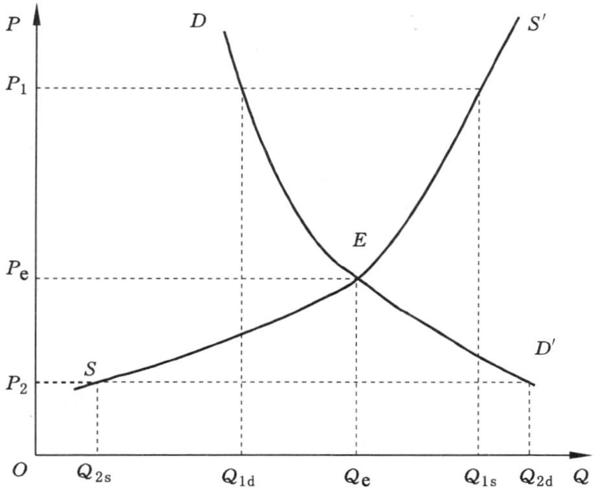

图 2-5 均衡价格的形成

在外力作用下，市场均衡会被打破，供求将不再平衡。供求曲线的移动是导致均衡价格发生位移的根本原因。需求水平的变化引起均衡价格和均衡数量同方向变动（图 2-6），供给水平的变化引起均衡价格反方向变动，而引起均衡数量同方向变动（图 2-7）。

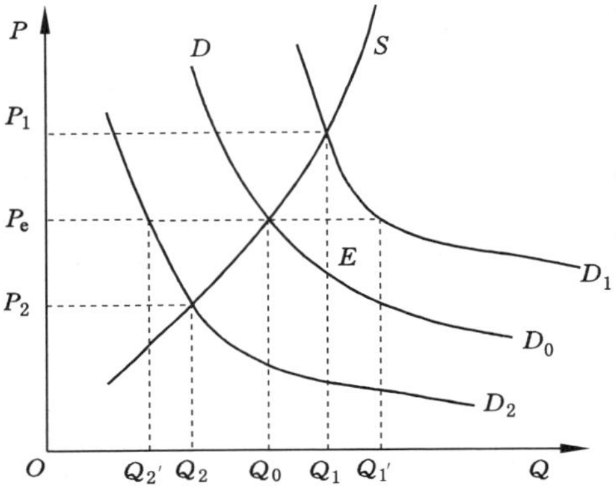

图 2-6　需求变化对均衡的影响

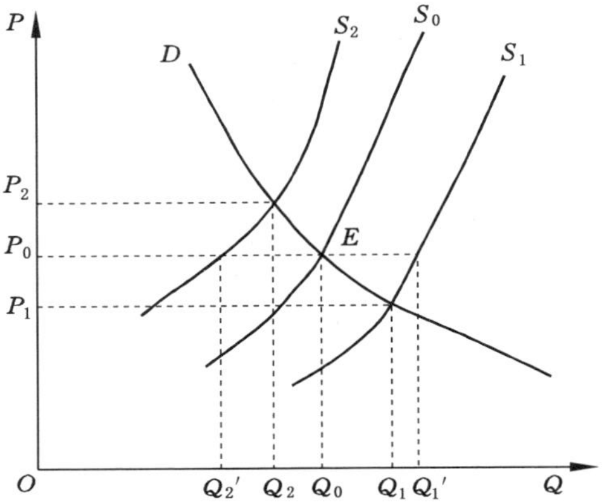

图 2-7　供给变化对均衡的影响

政府的价格管制也会使均衡价格发生变化。政府的价格管制有两种：一种是高于均衡价格的支持价格，一种是低于均衡价格的限制价格。制定支持价格是为了扶植某一行业的生产而规定该行业产品的最低价格或者直接规定计划价格。如图 2-8 所示，N_0 为均衡价格，M_0 为均衡数量，N_1 为支持价格，$N_1>N_0$，支持价格下的需求量是 M_1，供给量是 M_2，显然供给量大于需求量（$M_2>M_1$），产生供给过剩，而且高价格又会误导人们过度投资。制定限制价格是为了限制某些生活必需品的物价上涨而规定这些产品的最高价格或者直接规定计划价格。如图 2-9 所示，N_0 为均衡价格，M_0 为均衡数量，N_1 为支持价格，$N_1<N_0$，限制价格下的需求量是 M_1，供给量是 M_2，显然需求量大于供给量（$M_1>M_2$），产生供给不足，出现抢购、黑市等现象，而且低价格又会使人们减少投资，生产者提供劣质产品或服务（图 2-9）。

2.1.4　市场理论

市场是生产者和消费者为了买卖某种商品而结成的相互联系，或者把买卖商品的各方联系在一起的纽带，必须具备买卖、商品和联系三个因素。根据不同类型市场决定价格方面的不同作用将市场分为不同的市场结构。市场结构所反映的是竞争程度不同的市场状态，所涉及的因素包括企业规模及规模的分

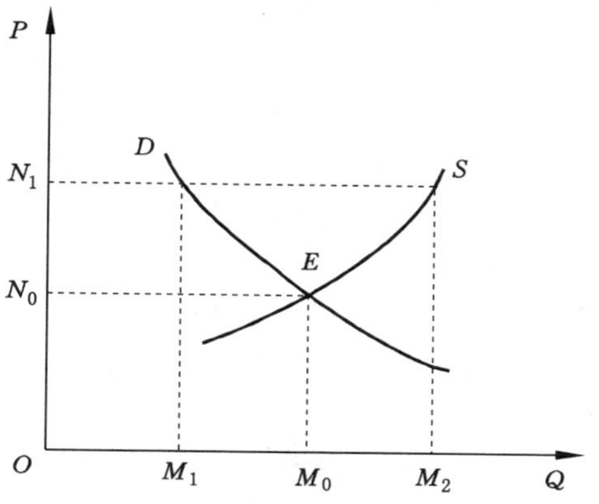

图 2-8 支持价格

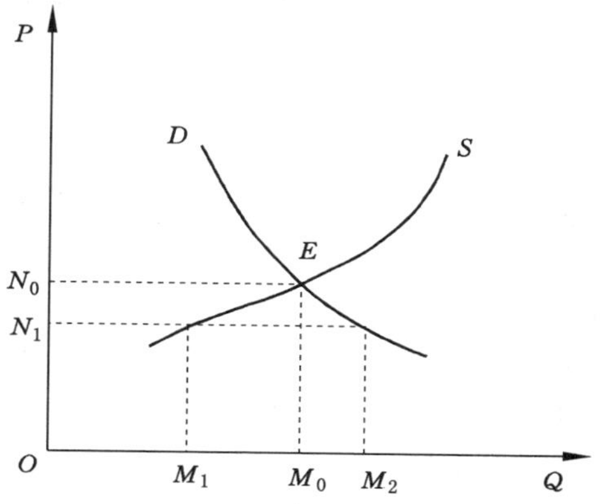

图 2-9 限制价格

布、进入市场的障碍和条件、产品差异、厂家成本结构和政府的管制程度(费培根等,1996)。根据一个行业所包含的厂商数量的多寡、进入市场有无障碍、各厂商产品之间的可替代程度的强弱、厂商所获信息的程度等四条标准,将市场划分为四种类型:完全竞争市场、完全垄断市场、垄断竞争市场和寡头垄断市场。

完全竞争市场的形成必须同时满足以下四个条件:第一,市场上的卖者和买者数量众多,市场价格由卖者和买者共同决定,单个卖者或买者不能决定价格,而只能接受价格;第二,市场上的产品是同质的、无差异的,生产者之间进行平等竞争;第三,企业可以自由进出市场,生产要素可以在不同行业间流动;第四,所有卖者和买者对产品和价格的信息都完全掌握。现实中,这种市场结构是不存在的,只是一种理论抽象,它的意义在于:对竞争关系和竞争过程进行典型分析,通过各种方法使市场结构尽量向竞争市场靠拢。

完全垄断市场的形成也须同时满足三个前提条件:第一,卖者只有一个,而买者众多;第二,所售产品没有替代品;第三,潜在竞争企业进入市场有障碍。这种市场类型常存在于公共事业部门,如城市的供水部门、供电部门等。垄断会导致资源配置效率低下,所以许多国家制定反垄断法来限制垄断、保护竞争。

垄断竞争市场,与完全竞争市场较为接近,两者的主要区别在于产品是否同质、是否有差异,垄断竞争市场的产品质量、包装或者服务上都存在着不同的差别。对消费者来说,产品的差异性使他们的选择性增大,对生产者来说,竞争压力促使他们进行技术创新。这种市场类型一般存在于日用工业品市场。

寡头垄断市场中,卖者为数不多,但规模较大,能够影响或者控制市场价格,全球能源、汽车、钢铁等行业是这种市场结构的典型代表。其特点是:第一,进入市场有障碍。卡特尔是寡头垄断市场的集中体现,该词原为法语 Cartel 的音译,原意为协定或同盟。现指生产同类商品的企业为了垄断市场,获取高额利润而达成有关划分销售市场、规定产品产量、确定商品价格等方面的协议所形成的垄断性企业联盟,欧佩克组织即为世界上最著名的卡特尔。第二,寡头垄断企业之间有较强的相互依赖性,但相互之间争夺市场份额,联盟缺乏稳定性和持久性,经常需要重新签订协议,甚至因成员在争取销售市场和扩大产销限额的竞争中违反协议而瓦解。该组织存在一个经济学上的"囚徒困境"问题,如果卡特尔不能有效解决这个问题,最终将导致卡特尔的解体。据统计,世界上卡特尔的平均存续期间约为 6.6 年,最短的两年就瓦解了。

总之,完全竞争市场是经济学家提出的理论抽象的理想模式,完全垄断市场也只有极少数,绝大多数现实的市场形态是介于完全竞争和完全垄断之间的。由于垄断会带来效率损失,各国政府都采取了不同的措施和政策来限制垄断。除制定限制垄断法以外,还会进行行业管制,监督企业的营业状况,并规定企业内部的某些重要指标。

此外,经济学家还用市场集中度(Market Concentration Rate)来衡量行业内企业的数目和相对规模的大小,它是整个行业市场结构集中程度的测量指标,体现了市场的竞争和垄断程度。市场集中度经常使用的计量指标有行业集中率(CR_n)和赫尔芬达尔-赫希曼指数(Herfindahl-Hirschman Index,HHI,以下简称赫希曼指数)。

行业集中率是指该行业内前 n 家最大的企业所占市场份额(产值、产量、销售额、销售量、职工人数、资产总额等)之和。计算公式如下:

$$CR_n = \sum_{i=1}^{n} S_i \times 100\% = \sum_{i=1}^{n} X_i / X \times 100\%$$

其中:S_i 为第 i 家企业的市场份额,X_i 为第 i 家企业的销售量,X 为市场总销售量。

根据美国经济学家贝恩和日本通产省对产业集中度的划分标准,将产业市场结构划分为寡占型($CR_8 \geqslant 40\%$)和竞争型($CR_8 < 40\%$)两类。

赫希曼指数是指基于该行业中企业的总数和规模分布,即将相关市场上的所有企业的市场份额平方后再相加的总和。该指标具有数学上绝对法和相对法的优点,是较理想的市场集中度计量指标,其计算公式为:

$$HHI = \sum_{i=1}^{n} (S_i \times 100)^2 = \sum_{i=1}^{n} (X_i / X \times 100)^2$$

其中:S_i 为第 i 家企业的市场份额,X_i 为第 i 家企业的销售量,X 为市场总销售量。根据赫希曼指数将产业市场结构也划分为寡占型($HHI \geqslant 1\ 000$)和竞争型

(HHI<1 000)两类。

2.1.5 资源配置理论

资源的本质属性之一就是有限性,经济学上称为稀缺性,指相对于人类多种多样且无限的需求而言,满足人类需求的资源是有限的。因为资源的这一共性特征,经济学才需要研究如何最有效地配置资源(秦德先等,2002)。

人们通常用物理方法或经济方法来度量资源的稀缺性(汪安佑等,2005)。

物理度量,指通过储量分析的方法来度量资源的稀缺程度,这种度量方法主要是针对非再生资源,特别是矿物资源。不可再生资源的绝对资源量随着开发和利用的推进会逐渐减少,但由于人类对地质认识的加深和勘探技术的进步,资源储量也可能逐年增加。相关指标包括资源总量、基础储量、储量、品位、储采比。

资源总量既包括已发现且经济、技术上开采可行的资源,已发现但经济、技术上开采不可行的资源,还包括经过预查后预测的矿产资源。为了更好地划分资源的类别,地质学家用三位阿拉伯数字来表示不同的分类,第 1 位表示经济意义,第二位表示可行性评价阶段,第三位表示地质可靠程度。

基础储量则是指地质上已经确定的、在当前的经济和技术条件下开采可行的资源,不扣除未来开采和加工时的贫化与损失。储量即为基础储量乘以回采率。

品位,指矿石中有用组分的单位含量,含量较高者通常以百分率表示,贵金属等较低的则采用克/吨、克/升、克/立方米等单位来表示。一般情况下,品位高的富矿先被开采,随着开采量的增加,富矿逐渐枯竭,人们才转向开采难度大、技术要求高、开采费用高的低品位贫矿。

储采比,指按当前生产水平尚可开采的年数,是保有储量除以当年产量的比值,是一个静态概念。

经济度量,指借助一套经济指标,如资源产品价格、开采成本和租金等,来衡量和考察资源的相对稀缺状态。

资源产品价格,指获取一个单位的资源所付出的总代价,包括两部分:一是资源产品的现价,即资源市场价格;二是资源产品的相对价格,即反映资源相对于劳动力和资源的稀缺程度。

开采成本,指在资源开发过程中所形成的成本和费用,主要包括直接材料、工资福利和管理费用。

租金,指资源产品现价与边际开采费用之差,也称原位资源价格、矿区使用费或使用者成本。

解决资源稀缺问题的有效途径包括技术进步,增加资源储量,发展循环经济、提高资源利用率,扩大稀缺资源替代,但最直接便利的途径是通过资源的有效配置来解决。

资源的有效配置包括两方面内容,一是通过市场配置,资源市场的供需双方在资源市场自由交易,从而使资源得到合理有效的配置;二是通过政府配置,政府通过宏观调控手段来干预影响资源配置。无论哪种方式,目的都是使资源得到合理有效配置,以最少的资源耗费换取最大的社会和经济收益。

2.2 能源经济学原理

能源在开发利用过程中,存在着诸如市场、价格、供求关系等各种各样的经济现象,它与人们的日常生活及社会的经济发展息息相关。能源经济学正是在这种背景下发展起来的一门年轻的科学,中外学者对能源经济学的研究对象和基本任务还有着各不相同的理解与表述。如英国能源经济专家迈克尔·韦布与马丁·里基茨认为,能源经济学关注的是能源资源的配置问题,和社会生产与消费过程中的能源转换问题。里查德·艾登和米查尔·波森那等人认为,能源经济学所关心的是能源资源的可利用性及其与经济活动的相关性,能源需求和经济增长之间的关系,以及潜在的或实在的能源短缺对经济活动的影响。美国学者菲利浦·莱伯认为能源经济学的主要任务是制订能源政策。我国学者孙洪铮认为,能源经济学是用经济学办法研究能源平衡,分析能源使用效果,对能源开发、加工、节约进行可行性分析,以及制订能源政策的一门科学。吴德春、董继斌等人认为,能源经济学是研究能源在人类社会物质生产和生活中的作用方式及其规律的一门科学,是以能源产品的生产、贮藏和利用为其物质实体,以研究能源的经济性质及其作用为立足点的。笔者概括认为,能源经济学是在经济学、管理学和资源环境等学科基础上产生的一门交叉性新学科,旨在用经济学原理研究能源在生产、开发和消费过程中出现的各种问题,提出如何解决这些问题的理论依据,探讨能源经济的内在规律。

国外能源经济学从20世纪50年代开始起步,大致经过了三个阶段。第一个阶段从诞生到1970年之前。在这一阶段人们对一次性能源还没有正确的认识,认为石油和天然气是大自然赐予人类的取之不尽、用之不竭的财富,所以人类并不懂得珍惜能源,人们尽其所能地开发和利用能源。这一阶段能源经济学关注的重点是具体能源产品开发利用及其有效供给。第二个阶段是1970—1985年。石油危机对人类的生产、生活造成了较大的影响,并制约了经济的发展,这时人们开始认识到能源资源的局限性。该阶段关注和研究的重点是分析经济对能源的依赖性，能源市场的变化对经济发展的影响等问题。第三个阶段在 1985 年以后，这个时期世界经济形势发生了很大的变化，能源的过度开发和大量使用对人类生活带来了一系列的影响，人类开始为能源不理性的使用买单，这一时期能源经济学研究的重点是能源开发和生态环境的关系。能源经济学形成发展的上述过程，表明人们对能源经济运行规律的认识经历了一个由浅入深、由局部到全局、由简单到复杂、由具体到抽象的过程，而能源经济学正是在人们认识的不断深化中而逐步完善成熟并发展起来的。

我国直到 20 世纪 70 年代末才出现能源经济学这一学科的雏形，当时研究主要还是为科研立项和评估服务。随着经济的高速发展，中国的能源需求与日俱增，巨大供需差额成为能源领域的常态，经济增长与高耗能的矛盾更加凸显，能源利用和环境污染的矛盾成为中国经济发展的瓶颈。以上这些都是中国能源经济学需着力研究和解决的重点问题。中国的能源经济学应致力于以自己的研究成果为政府部门制定能源政策，促进经济发展和社会文明建设提供理论依据，广大的学者也进行了卓有成效的探索(王安建等，2002，2008，2010，2011；鲁传一，2004；魏一鸣等，2012；中国能源中长期发展战略研究项目组，2011a，2011b；中国能源研究会，2011)。国内学者对能源经济学未来的研究内容还有一些不同的看法，但目前的研究重点可以归纳为以下 7 个方面：能源和经济增长(增长率和增长结构)、社会发展的关系；能源与环境污染的关系；能源资源的优化配置；能源价格和税收；节能与循环经济；能源的内部替代和外部替代；能源的国际贸易和石油作为金融产品。

能源产品除了遵循一般商品供求理论的基本原理外，还有一些与众不同的特征。

2.2.1 能源产品需求特点

不同形式的能源产品需求除了具有一般商品市场需求的性质以外，还在需求结构等方面具有一定的特点，这是由能源产品在生产过程和消费过程中的地位决定的。

能源需求结构是指在一定时期内所消费的各种能源的数量及它们各自占能源消费总量的比重。能源的需求结构又分为能源需求的产品结构、能源需求的部门结构和能源需求的地区结构。随着人类文明的进步和社会生产力的发展，能源需求结构也在不断地发生变化。

能源需求的产品结构又可以分为一次能源需求结构和终端能源需求结构。一次能源需求结构指煤炭、石油、天然气、水电、核电等一次能源的需求量及各自占比；终端能源需求结构指煤炭、焦炭、汽油、柴油、燃料油、天然气、热力、电力等的需求量及各自占比。从全球范围来看，大多数工业发达国家的能源需求的产品结构（一次能源）大致经历了三次更替（表 2-1）。第一次是煤炭取代薪柴，发生在 20 世纪 20 年代，历经 60 年，煤炭的消费比重达到 62.4%；第二次是石油取代煤炭，发生在 20 世纪 70 年代末，约历经 60 年，石油的消费比重达到 54%；第三次是始于 20 世纪 80 年代的能源产品多元化时代。随着石油危机的发生和石油生产峰值的到来，石油的比重大幅降低，但一枝独秀的龙头产品并未出现，2013 年石油、煤炭和天然气在全球一次能源消费结构中的占比分别为 32.9%，30.1% 和 23.7%。清洁可再生能源是未来的发展方向，这一点是毋庸置疑的。

表 2-1　全球一次能源需求结构占比变化　　单位：%

能源	1860 年	1920 年	1960 年	1979 年	2000 年	2013 年
煤炭	24.7	62.4	52.2	18	25.4	30.1
石油	—	6.7	31.2	54	38.2	32.9
天然气	0.9	1.4	14.6	18	23.2	23.7
薪柴	73.7	28.1	—	—	—	—
水力	0.7	1.4	2.0	7.0*	6.4	6.7
核电	—	—	—	2.8	6.2	4.4
其他	—	—	—	—	0.6	2.2

数据来源：BP，2014；吴德春等，1991。

注：* 包括太阳能和地热能。

能源需求的部门结构，指能源在国民经济各个部门中的消费量及各自占比，包括能源消费的部门构成和各个部门能源消费的产品构成两个方面。通常将能源消费部门分成工业、交通、民用和发电等四大领域。能源消费的部门结构与该经济体的经济结构和产业结构有很大关系。各个部门消费的能源品种一般都以煤炭、石油、天然气及水电为主，但各能源品种占比相差很大。

能源需求的地区结构，能源消费的数量和种类在不同国家或者在一个国家内的不同地区都存在较大的差别。根据能源消费数量，可分为高消费地区、中消费地区和低消费地区。一般来说，经济发展水平越高，能源消费量越大；反之亦然。根据能源消费的主体品种，可分为以油气为主的地区、以煤炭为主的地区、以煤气油并重的地区、以油和水电并重的地区等。能源需求的地区结构一般取决于该国或该地区可供给的能源资源的品种和数量。

结合以上介绍的需求原理，能源需求结构变动的影响因素可从 3 个层面来分析。一是家庭能源需求的决定因素，主要有能源产品价格、消费者收入、替代能源产品价格和个人偏好等;二是企业能源需求的决定因素,主要有非能源投入品的成本和替代关系、不同能源产品的价格和替代关系、企业的技术进步及产业政策等;三是宏观经济能源总需求的影响因素,主要有经济增长速度、经济发展水平、能源价格、能源供给因素、能源产品的相互替代性等。

总而言之,能源需求结构的形成与变化,与市场经济条件下任何其他商品需求变化的规律一样,都是消费者在一定的收入约束条件下对各种能源产品优化组合的结果。

2.2.2　能源产品供给特点

能源供给不仅取决于该能源产品的价格,还取决于生产者使用的技术、其他替代能源的价格以及生产者的生产动机。

能源产品价格是由生产要素成本决定的,成本是能源供给的最重要的因素。经济学定义的成本是一种"机会成本"概念,即使用一种生产要素的成本就是它可能被用于另一种用途时所获得的价值,即它的市场价格。成本有不同的分类法,根据与产出量的关系,分为总成本、平均成本和边际成本;根据短期内企业投入是否可变,分为固定成本和可变成本;根据是否进入企业财务核算,分为内部成本和外部成本。

天然气生产企业属于资本密集型行业,所以固定成本比重比较大。天然气的生产成本有勘探成本、开采成本及运输成本。勘探成本由天然气气田的地质情况决定,地质情况越好,勘探成本越低;开采成本以井架设备和钻井成本为主,随着开采进程的开展,其费用不断上升,成本不断加大;天然气的运输成本比较高,因为天然气压力高,长距离运输管道耗资巨大,LNG 运输成本更高,因此,天然气生产的固定成本很大一部分与其运费相关。总的来说,天然气工业可变资本相对小一些,意味着产出量大,则固定资本就大,建设周期也长。按科布韦伯的观点,生产周期长和反应慢的行业,产品价格波动通常比较大,容易造成供给上的不稳定性。

外部成本是指由生产活动的外部性决定的成本。所谓外部性是指个人或企业的行为直接影响了他人而又没有为这种影响付出代价或给予补偿的情况,这种情况下,社会为此承担了代价,这种代价叫社会成本,而个人或企业生产的由供求决定的商品的价格只反映其私人成本。因此,外部成本是社会成本与私人成本之差。在天然气工业中,外部成本主要涉及环境污染。解决外部成本的经济学方法就是将外部成本内部化,从而提高其均衡价格。

技术进步是能源供给的另一个重要因素,它直接影响产出量及开发与发展的速度。天然气生产过程中的技术特征是:生成过程与石油类似,成分以甲烷为主，压力很高，通常为 60～80 个大气压，热值为 9 400 千卡/标准立方米，燃烧时高温可达到 2 100 ℃，是重要的化工原料。天然气的采收率可达 60%～95%。大型稳定的气源常用直径 35～120 毫米、厚度 10～25 毫米厚度的焊接钢管引至消费地区。每隔 80～160 千米设一个增压站，流速为 25 千米/时，天然气需要经过脱硫、脱氮、脱碳、脱水、脱杂质的过程，其加工效率约为 86%。20 世纪 80 年代以来发展了液化天然气技术，液化后体积缩小，液化过程要损耗 25%左右。LNG 用－160 ℃的冷藏油轮运输，然后再气化使用。

能源生产者动机也能影响能源供给的连续性和稳定性。市场经济条件下，企业的生产目的是追求利润的最大化，但是由于天然气工业的自然垄断特征，再加上外部成本的量化困难，许多国家的天然气生产由国有企业控制，国有企业的生产目的不能以利润最大化作为唯一动机。建立国有企业有利于重新分配利润，有利于加强发展中的环保问题，更有利于实施国家的宏观协调。在我国社会主义市场经济体制下，因为能源供给的自然垄断性等特殊性和能源产品的公共事业性质，国有能源企业要受到政府更加严密的管制，但是市场化改革仍是能源企业改革的总目标。

2.2.3 天然气的市场特点

鉴于能源的特殊作用和自然垄断性质，以及能源工业的规模经济效益，全球的能源市场（石油、煤炭、天然气）以垄断市场和不完全竞争市场为主，各国政府对能源行业的干预程度也最大（费培根等，1996）。以下具体分析天然气的市场结构特点。

(1) 天然气的资源禀赋是天然气市场形成的自然基础。全球天然气资源的分布以中东和前苏联地区占绝对优势，2013 年这两个地区的储量占全球天然气总储量的 71.7%。伊朗、俄罗斯、卡塔尔和土库曼斯坦等 4 个国家的探明储量均超过 10 万亿立方米，2013 年他们的储量之和占全球总储量的 57.7%。

(2) 天然气工业的规模经济效益是天然气市场垄断性的技术原因。所谓规模经济效应是指产品成本随企业产量规模的增加而降低。因为进入天然气市场的初始投资大、建设周期长，而且受资源、供求及技术等因素影响，有很大的不确定性，较小的企业一般竞争不过大企业，因此全球天然气工业基本上都由大型跨国公司垄断。这些大公司凭借技术和资金上的竞争优势，开设的子公司遍布世界各地，形成寡头垄断。

(3) 政府对天然气市场的强有力干预是垄断行业的普遍做法。对于自然垄断行业，政府既不能让垄断企业凭借其垄断地位损害消费者权益，又要促使生产者采用先进技术降低生产成本，所以政府一方面通过价格管制达到限制垄断利润、保护消费者利益的目的，同时又要鼓励企业进行技术创新。

价格决策上的两难境地是自然垄断行业广受诟病的原因之一。如果按照垄断企业利润极大化原则把价格定在使营业的边际收入等于边际成本的高价位 P_m 上，就会使公众支付较高的价格 P_m 而只获得较少的产品供应 Q_m，损失了公众利益；如果按照完全竞争企业的机制把价格定在边际成本等于边际收入的低价位 P_c，虽然达到资源最优配置，产量增加到 Q_c，但意味着价格要低于平均成本，企业要长期亏本经营，必须靠国家补贴；如果把价格定在等于平均成本的价位 P_b，比 P_c 高，但大大低于垄断价格 P_m，企业不盈不亏，表面看似合理，但企业无利可图，就不会有动力去降低成本、提高效益(图 2-10)。

为了避免国有化的弊端，一些天然气市场成熟的国家开始通过行业管制的方法来对天然气行业进行干预，也就是把天然气行业交给私人企业，但由政府成立专门的行业管制部门来监管这些企业，管制范围根据其自然垄断性质和在其国家能源发展中的地位来确定。对天然气的管制主要在管道运输方面，管制手段主要有价格管制和限制新企业进入该行业。

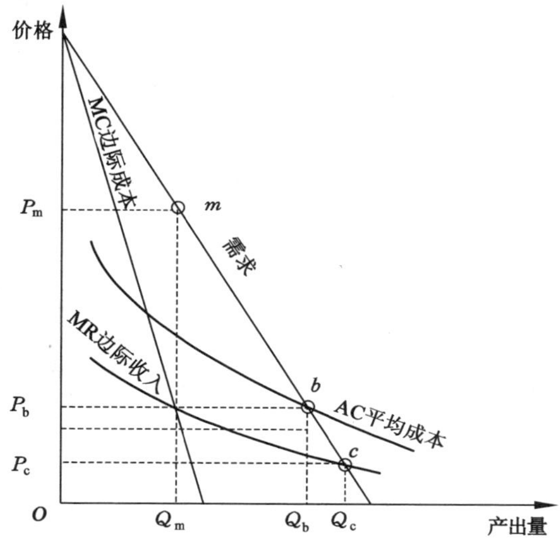

图 2-10 自然垄断产业的定价方式

2.3 能源消费规律

能源消费具有自身的规律，国内外的能源思想家都想找到其中的真谛。罗伯特·海夫纳三世不仅是美国资深的天然气勘探专家和能源企业家，还是一位眼光独到、思想深刻的哲人，参加了多达 18 次的美国国会关于能源的听证会。凭借一家三代在能源行业摸爬滚打的经验，提出了著名的能源转型图，其观点得到了越来越多的认同。中国地质科学院全球矿产资源战略研究中心，结合经济发展数据，对能源、粗钢、铜、铝、镍等多种矿产资源的历史消费数据进行研究，总结出了一套完整的矿产资源需求理论，包括人均资源消费与人均 GDP 的 S 形规律、资源消费强度的倒 U 形规律、资源消费的不均衡及波次递进规律、消费弹性系数变化规律等。

2.3.1　世界能源消费结构演变规律

罗伯特·海夫纳三世认为，能源大转型就是离开固体和液体能源，迈向气体能源新时代。美国过去几十年走过的弯路和后来的页岩气革命都雄辩地证明了这一点。能源大转型是人类文明不断进化和能源技术不断进步的结果。薪柴—煤炭—石油—天然气的有序波次更替规律（图 2-11），其实质是一个脱碳增氢的过程。薪柴，1 个氢原子＋10 个碳原子；煤炭，1 个氢原子＋2 个碳原子；石油，2 个氢原子＋1 个碳原子；天然气，4 个氢原子＋1 个碳原子。

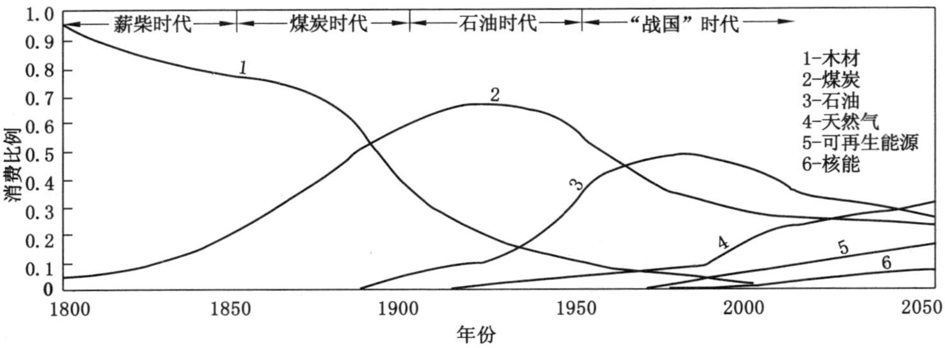

图 2-11　世界能源消费结构演变趋势图

［资料来源：据罗伯特·海夫纳三世（2013）修改］

2.3.2　人均能源消费与人均 GDP 的 S 形规律

能源消费是指生产和生活所消耗的能源，人均能源消费是衡量一个国家经济发展和人民生活水平的重要标志。一般说来，人均能耗越高，国民生产总值就越大，社会也就越富裕。

研究表明，从农业社会—工业化阶段—后工业化阶段，人均能源消费与人均 GDP 呈现全周期的 S 形变化规律，即农业社会人均能源消费呈低缓增长，工业化阶段快速增长并逐步达到顶点，后工业化阶段随着经济结构的转变、社会财富积累水平不断提高和基础设施日趋完善，能源的人均需求陆续达到顶点，并逐步趋于稳定或下降。这就是人均能源消费与人均 GDP 增长的 S 形规律(图 2-12)。

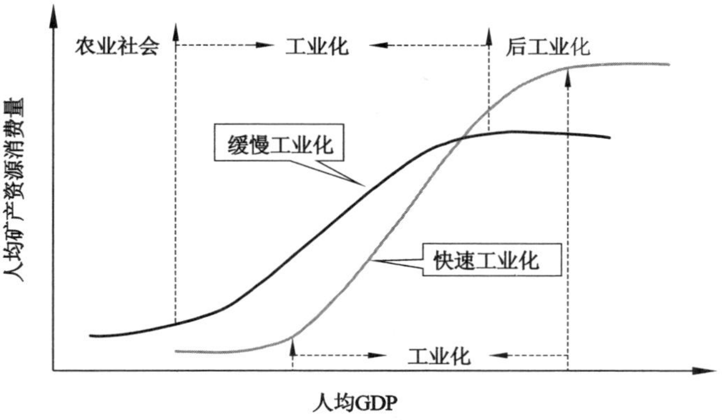

图 2-12　S 形规律模式图

[资料来源：据王安建等(2010)修改]

S 形曲线有三个关键点：起飞点、转折点和零增长点。这三个点对应的社会经济发展阶段分别是工业化起飞阶段、工业化中期经济结构重大转型阶段和后工业化阶段的开始(图 2-13)。

(1) 起飞点，即能源消费高速增长的起始点。无论是已经完成工业化的发达国家还是正处于工业化过程中的发展中国家，其人均能源消费快速增长的起飞点基本上集中于人均 GDP 3 000 盖凯美元(又称 1990 年美元，即以 1990 年美元为度量标准)。这一时期也是人均钢铁和水泥消费增长明显开始提速的阶段，它与国家工业化经济起飞阶段相一致。

英国和美国经济发展的起飞点分别处于 19 世纪初和中叶，法国、德国和加拿大大约在 19 世纪末到 20 世纪初，意大利则大约在 20 世纪早期，少数发达国家和地区起飞在 20 世纪中叶。起飞点之前，人均能源消费较少，且增长缓慢。经济结构中农业在国民经济中所占的比重大多大于 20%～35%(意大利达 44%)，农业就业人口比重一般都超过 40%～50%，农业社会的特点显著。

(2) 转折点，即人均能源消费增速由大到小的转折点，或者是人均能源消费增幅由大到小的转折点。尽管不同国家 S 形轨迹具有高、中、低之分，但大多数国家人均能源消费增速的转折点均集中于人均 GDP 10 000～12 000 盖凯美元

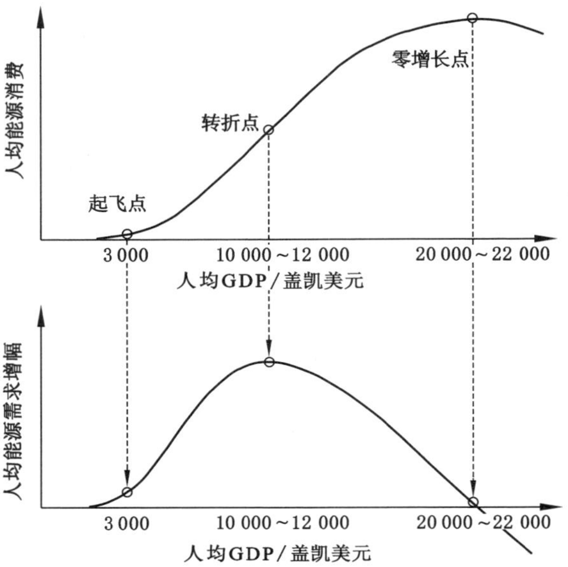

图 2-13　人均能源消费与人均 GDP S 形轨迹的标定

［资料来源：据王安建等(2010)修改］

之间，越过这一点，人均能源消费增速减缓或增幅开始变小。转折点是一个国家产业结构发生重大转变的起始点。

研究表明，人均能源消费转折点对应的人均 GDP 恰好与人均钢铁和人均水泥消费的峰值点或零增长点吻合，说明这些重要标志点之间存在着密切内在联系。钢铁和水泥作为主要的建筑材料，其消费增速基本为零，意味着一个国家的基础设施建设已经达到一定程度，与这些材料消耗相关的社会财富积累水平也已较高。美、英、法、日和韩国等国家人均 GDP 10 000～12 000 美元时，其城市化达到 60%～70%，城市化速率开始趋缓。人均能源消费的转折点与国家第二产业比例达到峰值开始下降的时间具有很好的对应关系。当第二产业开始让位于第三产业，标志着经济结构重大转型的开始。显然，由于基础设施建设、社会财富积累和城市化率达到较高水平，受钢铁和水泥等结构性材料需求零增长的影响和约束，相关产业结构必然发生重大调整。

除韩国外，大多数发达国家和地区在 20 世纪六七十年代已经陆续越过了人均能源消费的转折点。这一时期其工业增加值比例已经越过 40%～50%的顶点，下降至 35%～40%之间，服务业增加值比例上升到 50%～60%的水平。与此同时，服务业就业比例攀升到 50%左右(美国达 65%)，工业化过程明显进入中晚期。

(3) 零增长点,即人均能源消费增速为零或开始负增长的点,也就是人均能源消费达到S形轨迹的顶点或峰值点。从发达国家走过的经济轨迹看,人均能源消费的零增长点对应的人均GDP集中在20 000～22 000盖凯美元区间。越过零增长点,人均能源消费不再增长或呈缓慢下降态势。零增长点是一个国家经济增长方式发生重大变化的转变点。

人均能源消费零增长点是人类步入后工业化经济发展阶段的标志点之一。进入这一发展时期,第三产业对GDP的贡献超过70%。同时,产业的能源消费退居次要地位,生活和交通能源消费成为经济社会能源消费的主体(王安建等,2008),后工业化特征凸显。

除美国外,大多数发达国家和地区在2000年左右已经进入或正在进入人均能源消费零增长点时期。进入这一发展时期,农业比例低于5%,工业一般在20%～30%,服务业上升到70%左右或更高。各产业就业结构基本与其经济结构相对应,后工业化特点显著。

人均能源消费和人均GDP的关系总体呈S形态,但曲线表现出的形态和三个转变点的位置可能不尽相同。不同国家在同一时期处于不同的经济发展阶段,矿产和能源资源在国民经济中的地位不同,即使相同发展阶段的国家,资源禀赋和能源消费理念的不同,人均能源消费的差异也较大,导致S形曲线的关键点不一样。起飞点、转折点和零增长点的人均能耗水平高低与国家经济发展模式、产业结构和能源消费理念密切相关。这一规律对能源需求分析和能源政策调整具有至关重要的指导意义。

发达经济体150年来人均能源消费与人均GDP相关关系清楚地显现出四组S形轨迹(图2-14)。

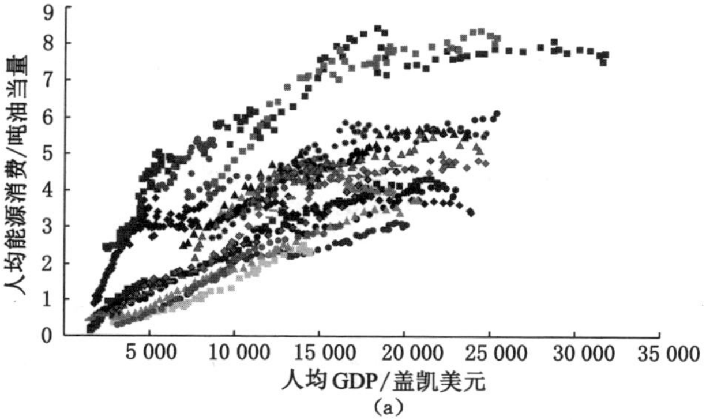

图2-14 人均能源消费与人均GDP的不同S形轨迹

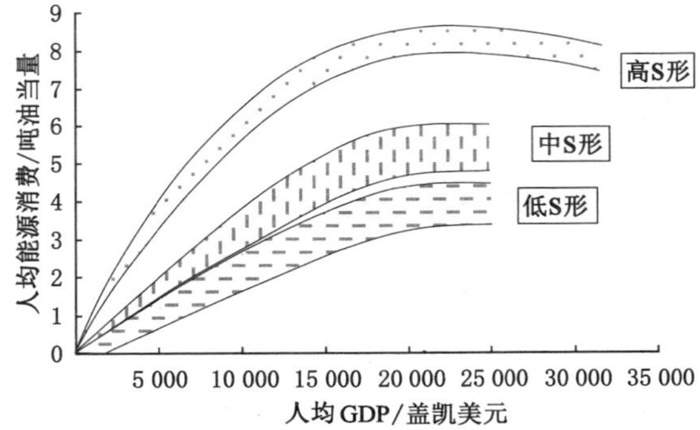

(b)

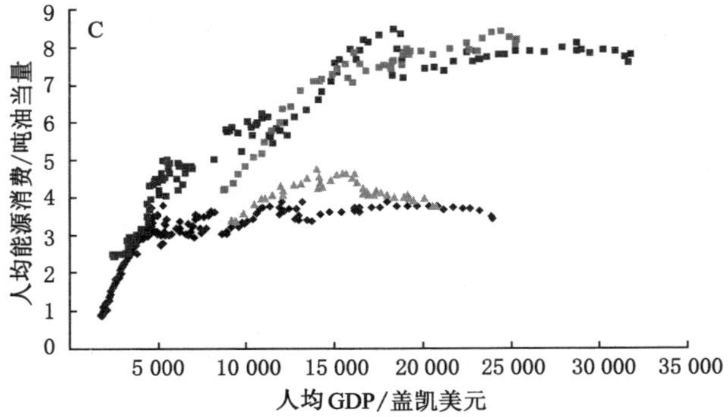

(c)

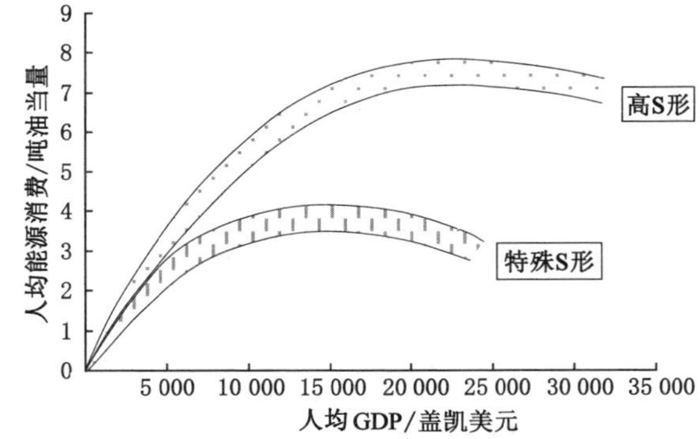

(d)

图 2-14(续) 人均能源消费与人均 GDP 的不同 S 形轨迹

(1) 高 S 形,以美国和加拿大为代表,其基本特点是人均能源消费起点高、增长快、顶点(峰值点)高。

(2) 低 S 形,以意大利和西班牙为代表,包括葡萄牙、希腊和瑞士等,其特点是人均能源消费起点低、增长慢、顶点低。

(3) 中S形，以日本和法国为代表，包括澳大利亚、韩国、比利时、荷兰和瑞典等，这些国家随着人均GDP增长，人均能源消费增长较快，顶点介于上述二者之间，顶点出现的时间与高和低S形一致。

(4) 特殊S形，以英国和德国为代表，其特点是人均GDP和人均能源消费增长均较缓慢，顶点到来时间早，人均能源消费峰值低。

不同类型S形轨迹形态的差异与其工业化时间的长短、经济结构变化和经济发展模式以及能源消费理念密切相关。高S形是世界上为数不多的高能耗国家，这主要与其住大房、开大排量车、跑长路等生活习惯和缺少节约意识的消费理念有关。正如Ebenhack(2009)所说，一个美国人消耗的能量足够80个莫桑比克人之用，许多经济专家也认为美国人均能耗高得出奇，其中很多并非是必需的。中S形国家则表现出在经济发展过程中，高能耗的工业在经济结构中曾超过40%，即占有较高的比例。其中一些国家，如日本、韩国曾经历了较短的“压缩式”工业化过程和以出口为导向的“世界加工厂”式经济发展模式，随着人均GDP的增长，人均能源消费水平相对较高，增长较快。比较而言，低S形国家，经济发展过程中工业在经济结构中所占的比例一直相对较低，低能耗的农业或服务业在工业化初期所占比重相对较高，经济发展表现出从农业向服务业转变的特点，加之较缓慢的工业化过程，其能源消费一直处于较低的水平且增长较慢。英德特殊低缓的S形轨迹反映了它们极其漫长和不断完善工业化过程中的能源消费特点。理论上，与缓慢工业化过程比较，“压缩式”工业化过程的人均能源消费速度快、顶点高、峰值到来的时间滞后(王安建等，2002，2008)。

2.3.3　能源消费强度的倒U形规律

能源消费强度是指创造单位GDP所耗费的能源数量，通常用每百万美元GDP所消耗的能源数量表示，单位为吨油当量/百万盖凯美元，体现了能源的经济效率。人类工业化历史进程与能源消费强度变化密切相关，能源消费强度演化通常呈现倒U形规律，即工业化早期阶段，单位GDP的耗能较大，并且呈上升趋势；进入工业化中后期，随着经济结构和产业结构的调整，经济增长方式也由粗放型向集约型转变，能源消费强度开始下降。能源消费强度的演化与经济结构、产业结构、产品结构和科技进步有着密切的关系。先期工业化国家能源消费强度的峰值出现在人均GDP为4 000～5 500美元左右，此时的能源消费强度为800～900吨油当量/百万盖凯美元。而新兴快速工业化国家和工业化起步稍晚的国家，能源消费强度的峰值出现在人均GDP 10 000～12 000美元左右，峰值为300吨油当量/百万盖凯美元（图2-15）。技术进步和集约型经济发展模式大大提高了能源的利用效率，使后进入工业化进程国家的能源消费强度的峰值不断下降，峰值点向后移。进入工业化进程越晚的国家，其能源消费强度越低。

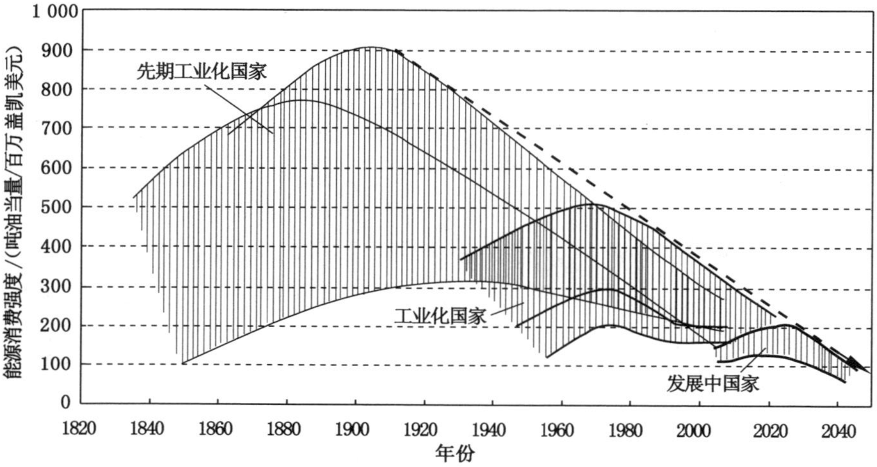

图2-15 能源消费强度的倒U形规律

［资料来源：据王安建等(2010)修改］

这一规律对于处于经济结构转型期和产业结构升级阶段的国家具有很好的指导意义。如何利用后发优势既实现能源消费强度的降低，又保证经济的快速发展是政府思考的大问题。

2.3.4 能源需求的波次递进规律

研究表明，能源消费还具有递进波次规律，即不同部门的能源消费峰值点到来的时间不同。具体来看：农业部门，人均终端能源消费量与人均GDP呈现倒U形规律，处于时间序列第一波次，人均耗能较低，人均耗能峰值为0.04～0.08吨油当量。工业部门，人均终端能源消费量与人均GDP呈现倒U形规律，处于第二波次，人均耗能最高。商业部门，人均终端能源消费量与人均GDP呈现S形规律，处于第三波次，人均耗能峰值为0.35～0.7吨油当量。生活部门，人均终端能源消费量与人均GDP呈现S形规律，处于第四波次，人均耗能相对较高，峰值为0.5～1.1吨油当量；交通部门，人均终端能源消费与人均GDP呈S形曲线前端的准“线性”规律，处于第五波次，人均耗能接近工业部门。

各部门的人均能源消费与人均GDP的倒U形和S形曲线均有高能耗和低能耗两种类型(图2-16)。

能源消费的递进波次性是经济发展不平衡和经济结构演化的必然结果,是全球能源消费的基本特征。目前,很多发展中国家和地区正处于经济加快发展、经济结构转型的时期,这一规律对研究这些国家的能源消费趋势和特点有重要的意义。

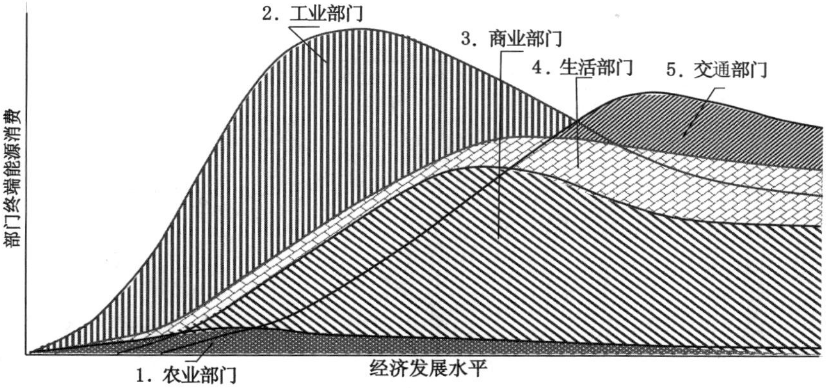

图2-16 能源消费的波次递进规律

[资料来源:据王安建等(2010)修改]

2.3.5 天然气消费规律探讨

(1) 全球角度。

无论是以自然年份(1950—2013年),还是以人均GDP衡量,全球天然气人均消费量都呈上升趋势,并呈现出良好的线性关系(图2-17)。全球人均天然气消费量从1950年的82.3立方米增长到2013年的467.4立方米,增长了5.7倍,年均增长率3.69%,全球人均GDP从1950年的2 126.4美元增长到2013年的8 293.1美元,增长了3.9倍,年均增长率为2.88%。由此可见,全球人均天然气消费量增长与全球人均GDP的增长基本同步,两者具有良好的正相关关系,这与其他学者的研究结论相同(周跃忠等,2008),而不具有S形规律。但前者的年均增长率比后者高0.81%,这或许说明全球总体仍处于工业化阶段,当全球人均天然气消费增速低于人均GDP增速时,可能标志着总体上全球进入后工业化时代,另一可能就是能源使用技术实现重大突破。

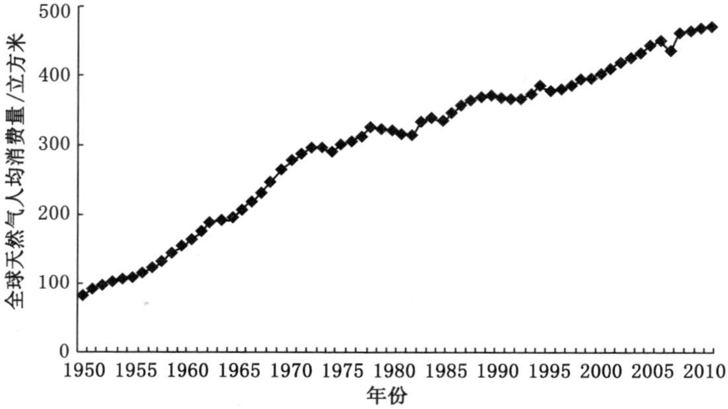

(a)

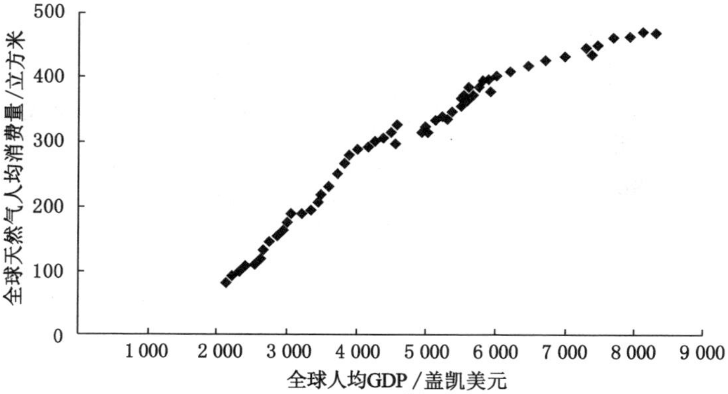

(b)

图 2-17　全球天然气人均消费量

全球天然气消费强度都呈现“先升后降”的趋势，具有良好的倒 U 形规律（图 2-18）。全球人均 GDP 达到约 4 000 美元时，天然气消费强度达到峰值，为 7.714 万立方米/百万盖凯美元。以时间序列看，全球天然气消费强度在 1972 年达到峰值，该年度的全球人均 GDP 为 3 999 美元，两者非常吻合。

（2）国家集团角度。

从自然年份（1965—2013 年）序列看，各国家集团的人均天然气消费量总体呈上升趋势。从量上说，OECD 国家的人均天然气消费量远高于全球人均消费量，而非 OECD 国家和金砖国家（BRICS）的人均天然气消费量几乎相当，均明显低于全球天然气人均消费量。因此，OECD 国家的人均消费量远高于非 OECD 国家和 BRICS 的人均消费量，以 2013 年为例，OECD 国家的人均消费量

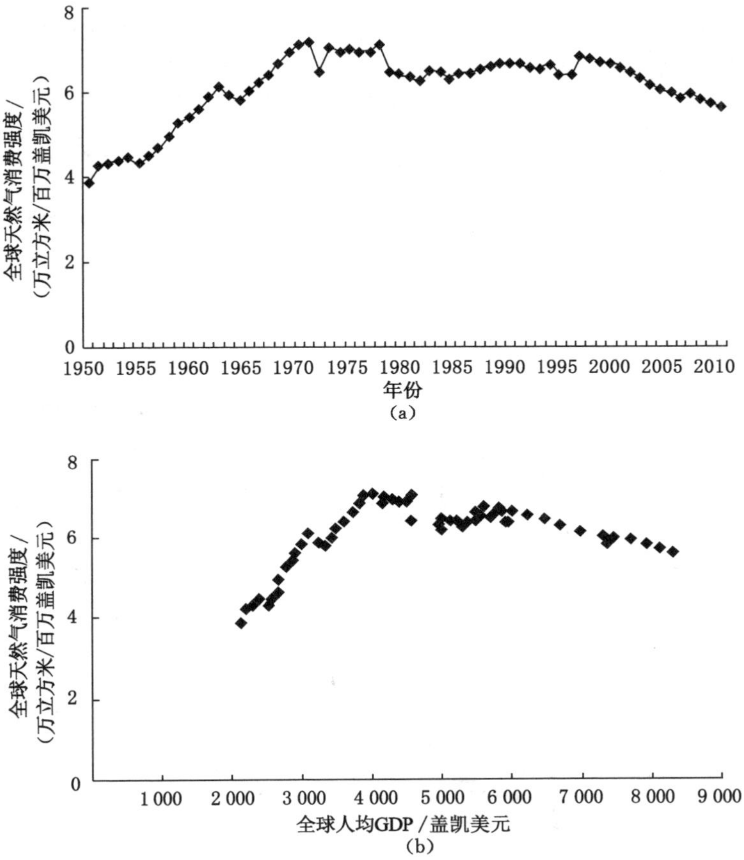

图 2-18　全球天然气消费强度图

为 1 714.79 立方米，而非 OECD 国家和 BRICS 国家的人均消费量分别为 281.03立方米和 220.22 立方米，前者分别是后两者的 6.10 倍和 7.79 倍。从曲线形态上说，1973 年 OECD 国家天然气人均消费量为 1 172.77 立方米，达到阶段性峰值，一直到 1987 年的 15 年间天然气人均消费量呈波浪式震荡，而非 OECD 和 BRICS 的人均消费量除在 20 世纪 90 年代略下降外，总体呈完美的低斜率直线形态（图 2-19）。

以人均 GDP 为横坐标，各国家集团的人均天然气消费量总体也呈上升趋势，不具有 S 形规律，但曲线形态差异很大。OECD 国家人均 GDP 的最小值 9480 美元（1965 年），而非 OECD 国家和 BRICS 的人均 GDP 最大值分别为 5 759美元和 6 717 美元（2013 年），OECD 国家天然气人均消费量的最小值

729.07 立方米(1965 年),而非 OECD 国家和 BRICS 的人均消费量最大值分别为 282.24 立方米(2012 年)和 220.22 立方米(2013 年)。由此可见,图形上的“首尾不接”也客观表现了发达国家集团和发展中国家集团在人均 GDP 和人均天然气消费量上的巨大差距(图 2-19)。

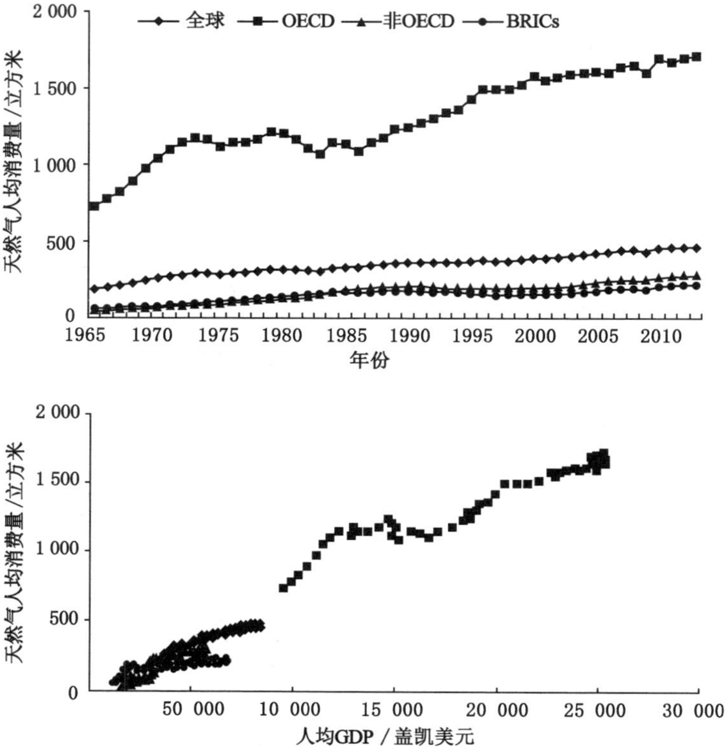

图 2-19 各国家集团天然气人均消费量

各国家集团的天然气消费强度都呈“先升后降”的趋势,具有良好的倒 U 形规律(图 2-20)。OECD 国家的天然气消费强度在 1972 年达到顶点,9.33 万立方米/百万盖凯美元。非 OECD 国家的天然气消费强度在 1999 年达到顶点,6.75 万立方米/百万盖凯美元,之前呈震荡上升的走势,之后是震荡下降的走势。BRICS 的天然气消费强度呈现出更完整的倒 U 形走势,天然气消费强度在 1983 年达到顶点,9.46 万立方米/百万盖凯美元,之前是呈快速上升的走势,1983—1991 年为小幅震荡走势,消费强度在 9.06 万~9.46 万立方米/百万盖凯美元之间徘徊,1991 年之后是快速下降的走势。BRICS 的天然气消费强度在 1978 年超过 OECD 国家，1995 年又回落到 OECD 国家之下（图 2-20）。OECD，BRICS 和非 OECD 国家的天然气消费强度峰值依次向后漂移，反映了经济发展、天然气消费和科技进步的客观规律，同样也反映了人均 GDP 巨大差距的现实。

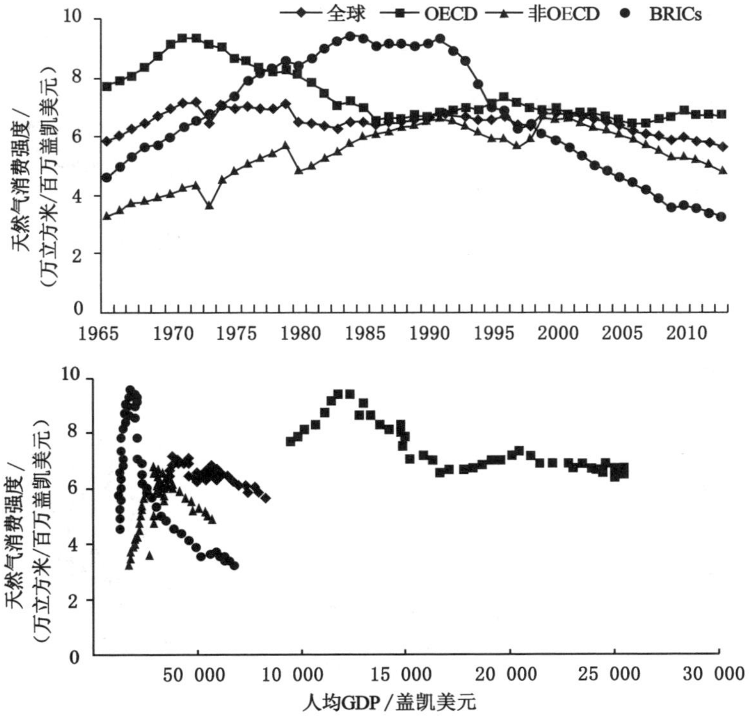

图 2-20 各国家集团天然气消费强度

（3）典型国家角度。

选取俄罗斯、美国、日本、英国、法国、巴西、中国和印度等 8 个国家作为典型，对其天然气人均消费量和消费强度作进一步分析。

以自然年份（1965—2013 年）为横坐标，从量上看，各国的天然气人均消费量可以划分为三个量级。俄罗斯、美国为第一集团，英国、法国、日本为第二集团，巴西、中国、印度为第三集团。以 2013 年为例，俄罗斯、美国的人均天然气消费量分别为 2 894.81 立方米和 2 303.48 立方米，英国、法国、日本的人均消费量在 600～1 200 立方米之间，巴西、中国、印度的人均消费量在 40～200 立方米之间。从曲线形态上看，可分为三类。第一类，达到峰值之后基本保持稳定的，如俄罗斯、日本、法国和印度。第二类，达到峰值之后呈下降趋势的，如美国和英国。第三类，一直保持较快增长趋势的，如中国和巴西(图 2-21)。

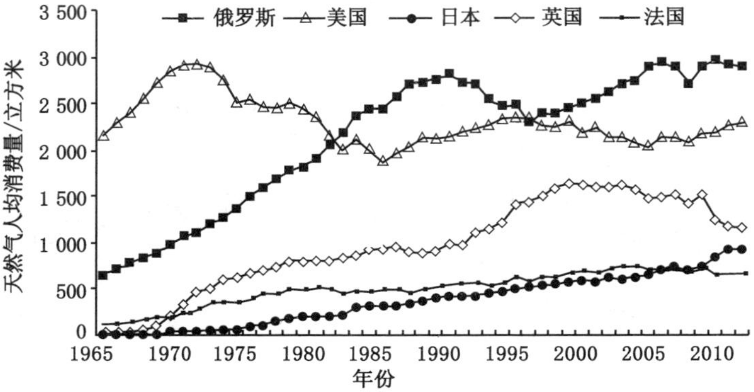

(a)

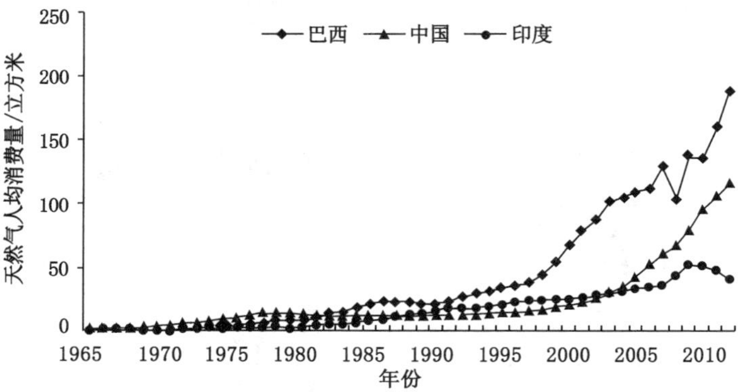

(b)

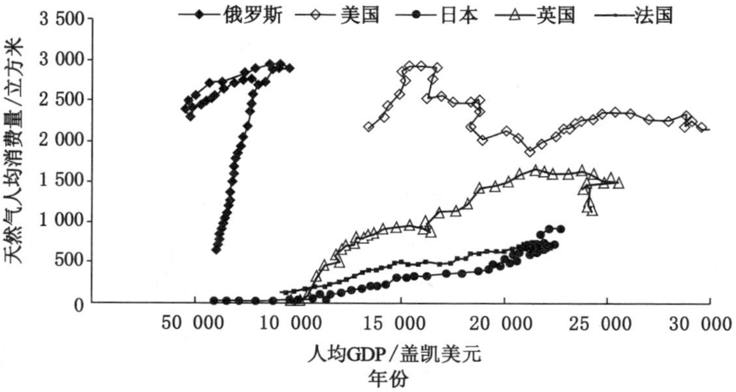

(c)

图 2-21　典型国家天然气人均消费量

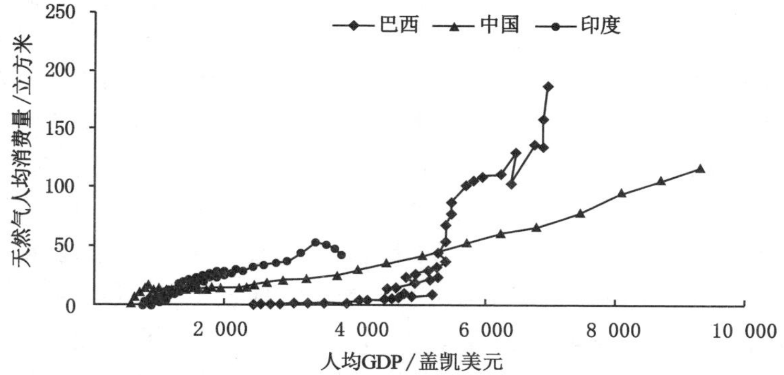

(d)

图 2-21(续) 典型国家天然气人均消费量

若选取人均 GDP 为横坐标,各国天然气人均消费量不仅数量级不同,曲线形态总体上不具有 S 形特征,而显得更加复杂。俄罗斯为缠绕型,反映了 20 世纪 90 年代俄罗斯经济发展出现倒退的事实。

美国和英国为山峰型,表明随着科技进步和能源使用效率的提高,天然气人均消费量出现下降,略具 S 形雏形。日本、法国、中国、印度、巴西总体呈不规则的直线型,但其中个味也不尽相同,如日本和巴西出现回头的趋势,这是 20 世纪 80 年代南美债务危机和 90 年代以来日本经济停滞的真实写照,如中国则是完美的直线型,反映了我国政局稳定、人民生活水平快速提升的现实(图 2-21)。

以自然年份(1965—2013 年)来衡量,典型国家的天然气消费强度可以分为两个集团。俄罗斯、美国、英国为第一集团,天然气消费强度大于 5 万立方米/百万盖凯美元,其中俄罗斯的天然气消费强度遥遥领先于其他国家,2013 年达到 30.46 万立方米/百万盖凯美元,最大值为 1998 年的 53.53 万立方米/百万盖凯美元。中国、巴西、日本、印度和法国为第二集团,其天然气消费强度小于 4 万立方米/百万盖凯美元,其中 2013 年印度的天然气消费强度仅为 1.10万立方米/百万盖凯美元,中国的天然气消费强度仅为 1.28 万立方米/百万盖凯美元,前者可能与其地理位置有关,后者与其以煤炭为主的能源消费结构有关。为了应对气候变化,中、印这两个人口大国应大力提高天然气在能源消费结构中的比重。除巴西、日本和印度外,其余国家能源消费强度曲线均不同程度出现“先升后降”的特征,其中美国、俄罗斯和中国呈现比较完整的倒 U 形态(图 2-22)。

若选取人均 GDP 为横坐标,不同国家天然气消费强度的曲线形态也更加复杂。俄罗斯为缠绕型；美国、英国、中国和法国则出现峰值，后呈平缓或下降走势；印度、巴西和日本则是保持上升的态势(图 2-22)。不同国家天然气消费强度的高低与资源禀赋、能源消费结构有关，也能体现不同国家的科技进步和经济发展水平。这与以自然年份为横坐标的典型国家能源消费强度曲线相互印证，但从不同角度体现了不同的特点。以中国的天然气消费强度为例，我国已从 20 世纪 70 年代末 80 年代初期的天然气消费强度峰值 1.90 万立方米/百万盖凯美元开始下降，2013 年我国天然气消费强度为 1.28 万立方米/百万盖凯美元，表明我国已出现以要素投入为主驱动经济增长转变为以科技进步为主驱动经济增长的端倪。同时，我国人均 GDP 已接近 1 万美元，与金砖国家中的俄罗斯接近，明显高于金砖国家中的巴西和印度，表明我国经济发展取得的长足进步，但与美国、英国、法国、日本等发达国家相比，人均 GDP 的差距不言而喻，这要求我们在科学发展的道路上还需加倍努力。

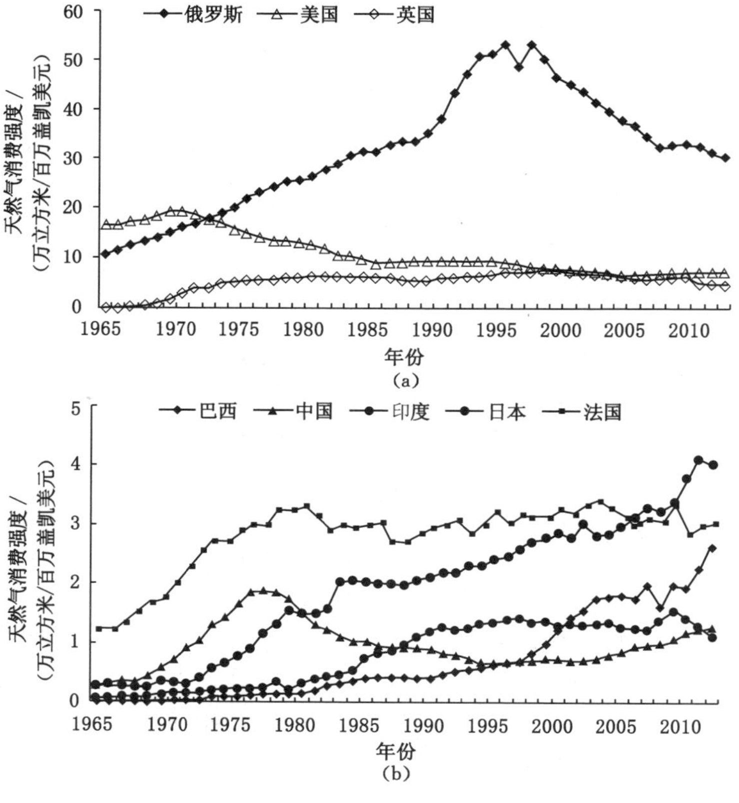

图 2-22 典型国家天然气消费强度

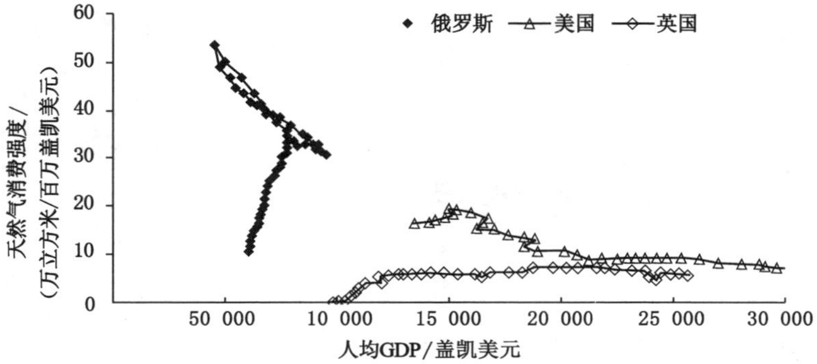

(c)

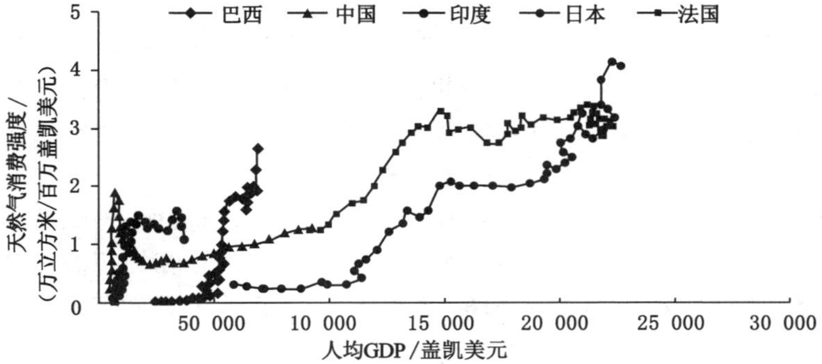

(d)

图 2-22(续) 典型国家天然气消费强度

3 天然气的消费格局

3.1 自然属性与历史

天然气系古生物遗骸深埋沉积于地下，经长期地质作用而产生的气态碳氢化合物，由甲烷为主的烃类和少量硫化氢、二氧化碳、氮气以及微量惰性气体等非烃类气体组成。天然气具有相对密度小（0.6～0.8 g/cm^3，比空气轻）、易燃易爆、热值高、溶解性强、腐蚀性强、运输便利等特点。通常将含甲烷高于90%的称为干气，含甲烷低于90%的称为湿气。从气体来源角度，一般可分为纯天然气、油田伴生气、凝析气田气、煤矿矿井气等4种。按存在的相态可分为游离态、溶解态和吸附态，只有游离态的天然气经聚集形成天然气藏，才可开发利用。

我国是最早发现天然气的国家。《易经》中有“上火下泽”“泽中有火”等记载，记录了可燃的天然气在地表湖沼水面上燃烧的情景。我国很早即有关于发现天然气井（古代称为“火井”）和使用天然气的记载。据《汉书·地理志》记载，汉武帝时西河郡鸿门（今陕西神木县一带）发现天然露头“火井”（即天然气井）。四川是我国最早开发和利用天然气的地区。据西晋《博物志》记载：“临邛有火井一所，纵广五尺，深二三丈……井上煮盐。”东晋《华阳国志》也记述了秦朝临邛劳动人民钻井开采天然气煮盐的情景：“有火井，夜时光映上眼。欲其光，以家火投之，顷许如雷声，火焰出通光跃数十里，以竹筒盛其光藏之，可终日不灭也”。明清时期，天然气的开发和利用已颇具规模，位于四川自贡市、富顺县和荣县境内的自流井气田，是当时世界上最大和最早投入开采的天然气田。据《自流井记》记载，当时筒井钻凿深度达300丈，一口火井最多可烧盐锅700口，到明朝中期（16世纪中叶），自流井天然气的开发已有相当规模，而且用竹筒和木头制作了输气管线，总长达二三百里。在欧洲，英国是最早使用天然气的国家，时间为公元1668年。

3.2 现代用途与前景

现代社会天然气用途广泛，目前主要应用于生活、工业、发电、交通等领域，发展前景十分广阔(图 3-1)。天然气的生活使用主要是指居民生活用气、公用事业用气等。随着人们环保意识的增强和生活水平的提高，作为民用燃料，对天然气的需求将明显增加，因为其安全性较高，不含一氧化碳，也比空气轻，一旦泄漏，立即会向上扩散，其经济效益也大于工业燃料。在工业领域，天然气主要用于化工原料和工业窑炉燃料两个方面。以化工用途为例，以天然气为原料的一次加工产品主要有合成氨、甲醇、炭黑等近 20 个品种，经二次或三次加工后的重要化工产品则包括甲醛、醋酸、碳酸二甲酯等 50 个品种以上，具有污染少、用途广、投资门槛低等优点。天然气发电具有经济效益好、建设周期短、环境污染少等特点，如天然气发电的二氧化碳排放仅为常规煤电的一半，而硫的排放几乎为零，是缓解能源紧缺、降低煤电比例，减少环境污染的有效方法。交通领域，主要是以压缩天然气代替汽油，具有价格低、污染少、安全可靠等优点。

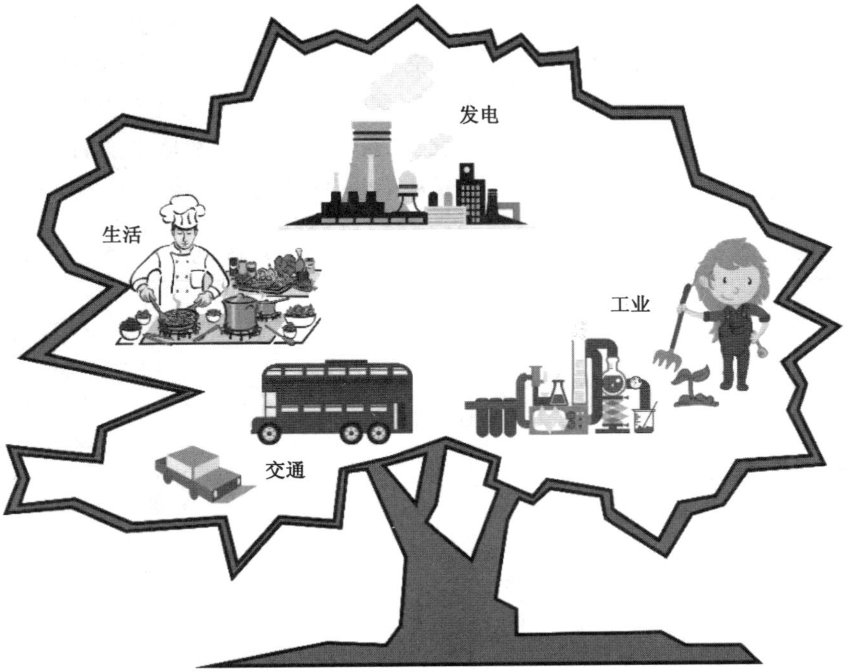

图 3-1　天然气用途示意图

天然气是21世纪的能源，人类将进入气体能源时代。天然气之所以越来越受到青睐，是因为与煤炭、石油等其他化石能源相比，天然气具有更好的环境、社会和经济效益，这也是低碳经济时代的必然要求和趋势。据统计分析，产生相同单位热量天然气排放的CO_2仅为石油产品的67%，为煤炭的44%；与煤排放的污染物比，烟尘为1∶148，SO_2为1∶2 700，NO_x为1∶29(表3-1)。据此测算，100×10^8立方米天然气与$3\ 000\times10^4$吨煤所产生的热量相同，但可减少硫化物的排放约36×10^4吨，烟尘30×10^4吨。

表3-1　不同能源排放的污染物对比

化石能源	污染物				
	SO_2	NO_x	CO	CO_2	烟尘
煤炭	2 700	29	10	2.27	148
石油	400	5	16	1.49	14
天然气	1	1	1	1	1

资料来源：陈赓良等(2004)；胡见义等(2011)。

使用汽油与压缩天然气(CNG)作为车用燃料所排放污染物的对比(表3-2)也表明，天然气是相对环境友好型的化石能源。环境保护部最新的研究表明，机动车、工业生产、燃煤、扬尘等是当前中国大部分城市环境空气中颗粒物的主要污染来源，约占85%～90%。其中北京、杭州、广州、深圳城市的首要污染来源是机动车。可见，推广使用天然气作为燃料的新能源汽车前景广阔。

表3-2　车用压缩天然气与汽油的排放物对比　单位：克/立方米

化石能源	指　标					
	辛烷值	NO_x	CO	CO_2	THC	NMHC
石油	90	0.14	1.20	303	0.17	0.14
天然气	110	0.029	0.16	229	0.068	0.006

资料来源：陈赓良等(2004)。

3.3　全球天然气消费

3.3.1　天然气消费地位

天然气在能源消费结构中与日俱增的重要性，不仅表现在消费总量上稳步增长，而且在一次能源消费结构中所占的比重也逐年提高，可谓是“芝麻开花节节高”。

从1900—2015年全球天然气消费总量图（图3-2）可以看出，近一个世纪多以来，全球天然气消费呈明显的上升趋势，从1900年的0.006 7万亿立方米增长到2015年3.47万亿立方米，增长了近520倍，年均增速为5.6%。全球天然气消费大致可以划分为两个阶段：1900—1945年前后为战前缓慢增长阶段，此阶段的天然气消费量小，增速往往出现大幅度的波动。1945年至今为第二次世界大战后平稳快速增加阶段。1945年全球天然气的消费量为0.128 9万亿立方米，此后只有1975年、1997年、2009年3个年份的天然气消费总量同比出现负增长，分别为−0.25%，−0.33%，−2.37%。如2009年全球金融危机蔓延，经济大幅度衰退，全球天然气消费量比2008年有所下降。此阶段的年均增速为4.8%，呈现增速较快，增幅平稳的特点。

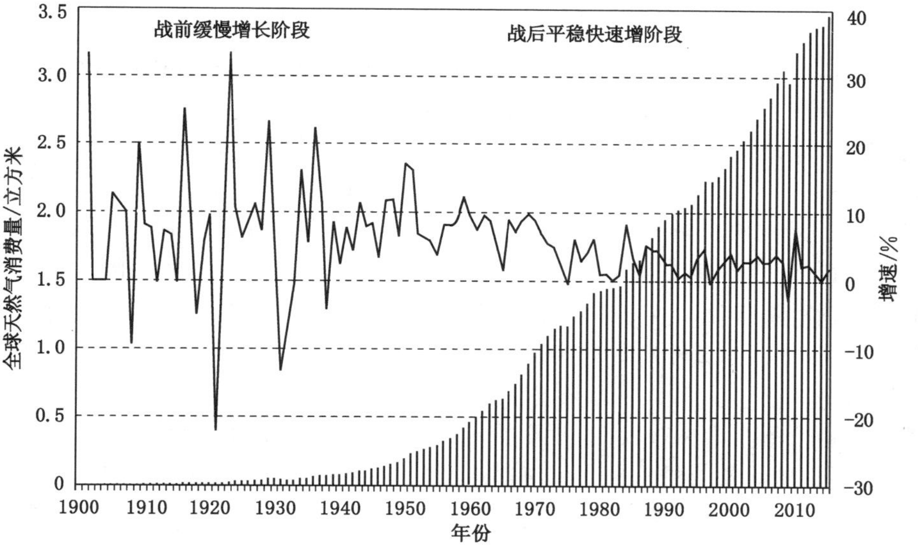

图3-2　1900—2015年全球天然气消费总量和增速变化图

（数据来源：BP，2016）

从1900—2015年全球一次能源消费结构变化图（图3-3）可以看出，天然气在全球一次能源消费结构中的比重也是“与年俱增”，从1900年占全部一次能源消费的1.0%增长到2015年的23.8%，是一次能源中消费占比中唯一保持持续增长的品种。相反煤炭占比呈现持续下降趋势，石油占比在20世纪70年代以前呈不断上升趋势，70年代之后则呈现不断下降的走势。

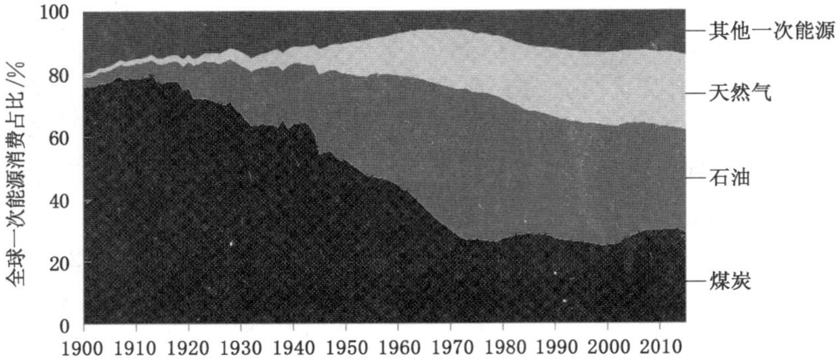

图 3-3　1900—2015 年全球一次能源消费结构图
（数据来源：BP，2016）

再以十年为一周期，全球各主要一次能源的消费量和消费比例变化如下。1960 年天然气、石油、煤炭等三种主要化石能源的消费量单位亿吨油当量（下同）为 3.93、10.53、13.49，占全球一次能源的比重分别为 13.1%，35.0%，44.9%；1970 年分别为 8.92、22.57、15.5，占比分别为 18.1%、45.7%、31.4%；1980 年三者的消费量分别为 12.94、30.98、18.06，占比分别为 19.5%、46.7%、27.3%；1990 年三者的消费量分别为 18.7、31.63、22.15，占比分别为 23.0%、39.0%、27.3%；2000 年三者的消费量分别为 21.77、35.84、23.43，占比分别为 23.1%、38.0%、24.8%；2010 年三者的消费量分别为 28.68、40.4、34.69，占比分别为 24.0%、33.8%、29.0%。以上 6 个时间节点清楚地表明，全球天然气的消费总量呈稳步增长态势，各化石能源品种占一次能源的比重也表明，只有天然气“蛋糕越大了”（图 3-4）。另值得注意的是，其他水电、核能、太阳能、风能等非化石能源所占比重基本也是快速提升，从 1970 年的 4.8%上升到 2010 年的 13.2%。

据英国石油公司（BP）最新公布的数据，2015 年全球一次能源消费总量为 131.47 亿吨油当量，化石能源的消费量占比高达 86%。其中，石油的占比为 32.9%，仍为第一大能源；煤炭为第二大能源，占比为 29.2%；处于第三位的天然气所占比重为 23.8%，形成了“三分天下”的能源消费格局。

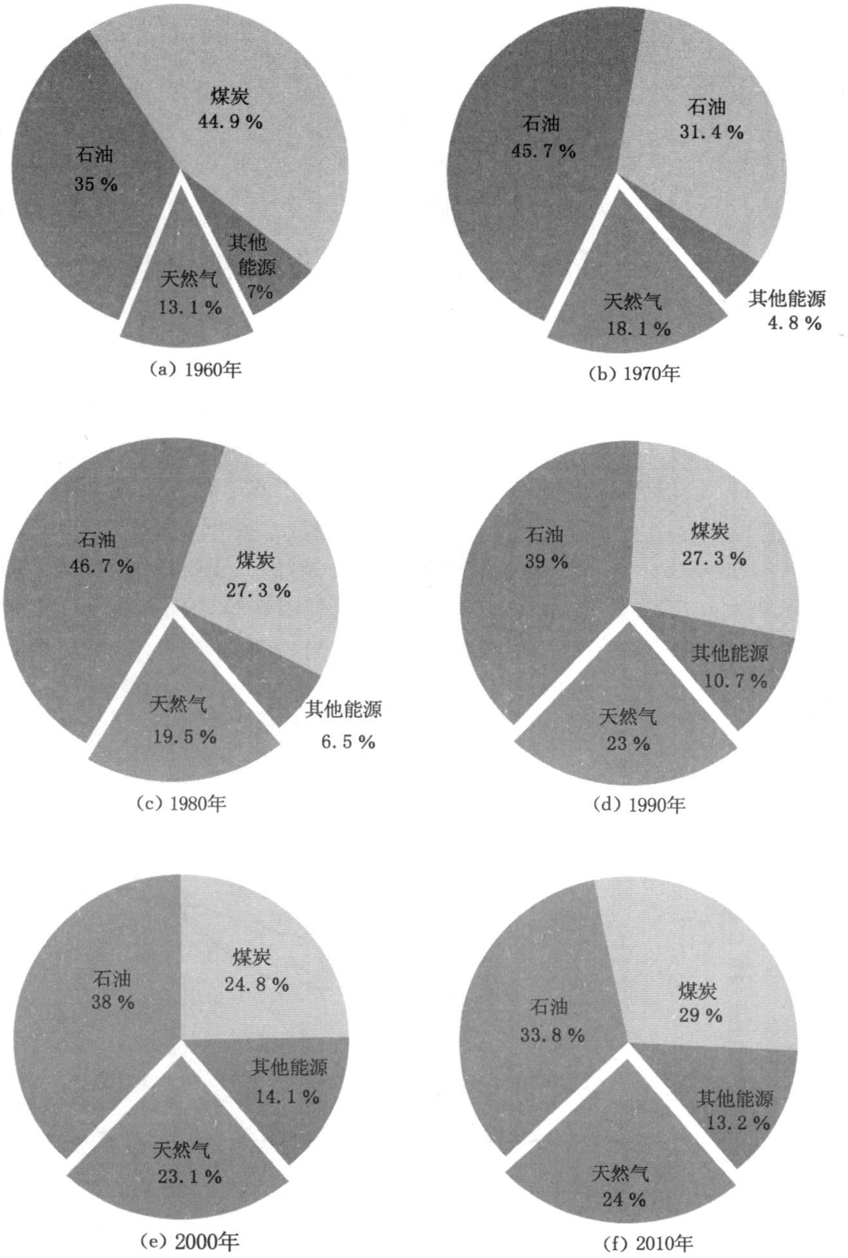

图 3-4　1960—2010 年天然气占全球一次能源消费的比重变化图

（数据来源：BP，2014）

由此判断，全球能源消费基本格局是化石能源仍将长时间占据一次能源消费的主体地位，维持在 85％～90％的高位徘徊，非化石能源和新能源的消费量和比重将逐渐提高。化石能源将持续进行“固液消气长”的内部结构调整，主要表现为煤的消耗占比下降，石油消费也将达到峰值，天然气的消费量则开始大幅增加，所占份额也逐步扩大，将成为消费结构中的“第一大能源”(戴维·维克托等，2010；斯科特·蒙哥马利，2012；童晓光，2010；吴灿奇，2012；张卫忠，2011；IEA，2012；BP，2014)。

3.3.2 天然气消费的地域结构

按经济发展程度划分的区域，OECD 国家的天然气消费量总体呈增长态势，从 1965 年的 5.0 千亿立方米上升到 2015 年的 16.2 千亿立方米，增长了 3.25 倍，年增速为 2.5％。非 OECD 国家天然气消费量则呈更快速增长势头，从 1965 年的 1.5 千亿立方米提高到 2015 年的 18.6 千亿立方米，增长了 12.1 倍，年增速为5.3％。很显然，OECD 国家的天然气消费增量不及非 OECD 成员国，2007 年非 OECD 成员国的天然气消费量开始超过 OECD 国家，且差距有逐年增大的趋势(图 3-5)。近年 OECD 国家天然气消费量增幅不大的主要原因是作为其主体之一的欧盟(EU)近几年的消费量出现徘徊不前，甚至负增长的情形，如 2009 年、2011 年、2012 年、2013 年分别比前一年下降了 6.2％，10.2％，1.5％，1.4％。

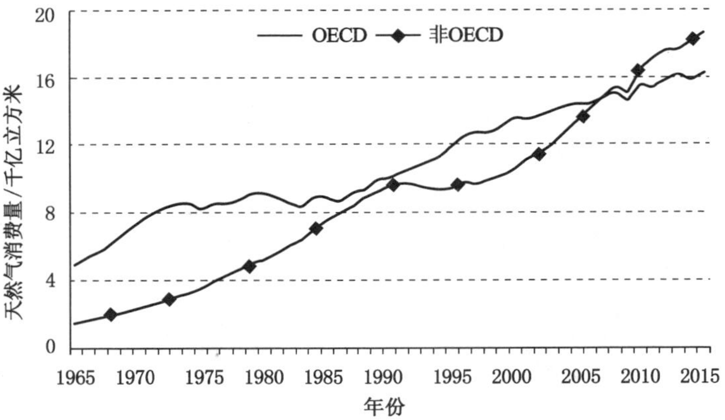

图 3-5 1965—2015 年 OECD 和非 OECD 成员国天然气消费量

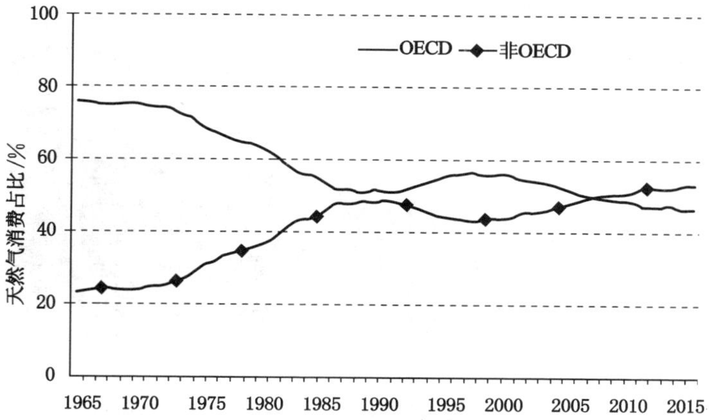

图 3-5(续) 1965—2015 年 OECD 和非 OECD 成员国天然气占比
(数据来源:BP,2016)

1965—2015 年 OECD 和非 OECD 成员国天然气消费量占比图(图 3-5)整体呈“剪刀状”,差距由大变小。OECD 国家的天然气消费占比不断下降,由 1965 年的 76.4%降到 2013 年 46.5%,而非 OECD 国家的消费量占比由 1965 年的 23.6%上升到 2013 年的 53.5%。但 20 世纪 90 年代前期两者差距有重新拉大之势(这时期以美国为首的西方国家经济强劲增长,开创了“新经济”时代),后期差距再次缩小,中间呈“豆荚状”。

但从两个国家集团的人均消费量来看,2015 年 OECD 国家的人均天然气消费量为 1 160 立方米,而非 OECD 国家仅为 220 立方米(人口数据来源:OECD 官网),前者是后者的 5.2 倍。

若将全球分成 OECD(代表发达国家或经济体)、BRICS(代表新兴国家经济体)和其他国家(除 OECD 和 BRICS 之外的其他国家)3 个国家集团,1965—2015 年他们三者的天然气消费量总体均呈不断上升的势头,但 OECD 国家的消费占比逐渐下降,而 BRICS 和广大其他国家的消费占比则呈不断增长的趋势(1965—1984 年俄罗斯的天然气消费量系根据前苏联消费量按比例推测)(图 3-6)。

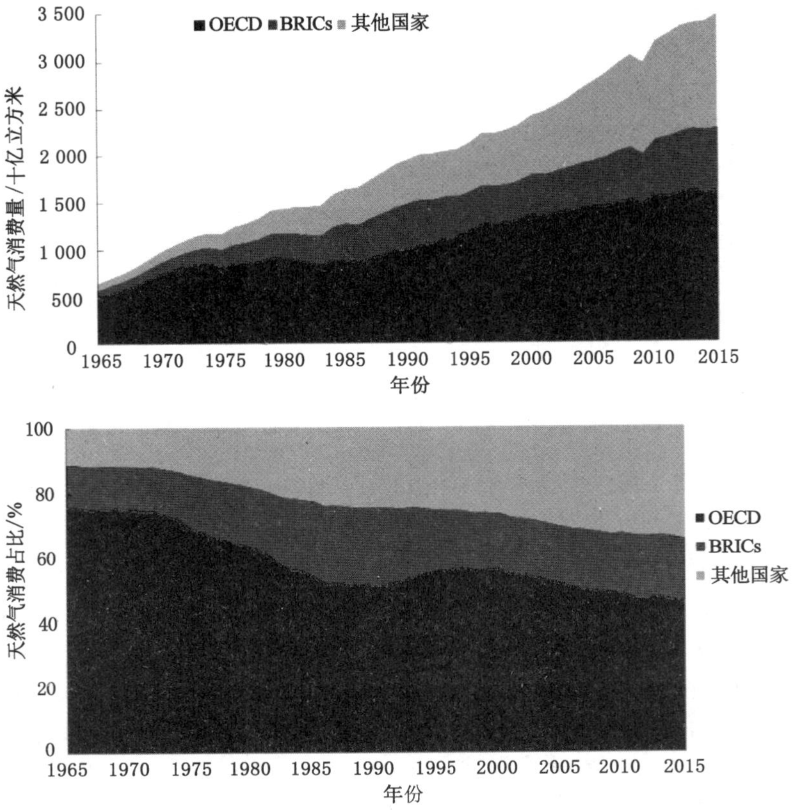

图 3-6　1965—2015 年 OECD、BRICS 和其他国家的天然气消费量和占比图

（数据来源：BP，2016）

从自然区域将全球划分为欧洲（含俄罗斯）、北美洲、中南美洲、中东、非洲和亚太等 6 大区域集团。除北美洲在 20 世纪 80 年代前期和欧洲在 2008 年之后呈下降态势外，1965—2015 年各区域集团天然气消费量总体呈增长态势（图 3-7）。至 2015 年，除欧洲天然气消费在 2008 年达到峰值（10 335 亿立方米），其余区域集团的天然气消费峰值时间均为 2015 年。欧洲在 1981 年的天然气消费量达到 6 559 亿立方米，超过北美洲。非洲、中东、亚太、中南美洲、欧洲和北美洲 6 大区域集团 1965—2015 年天然气消费量增长的倍数分别为 135. 3、131. 5、119. 8、12. 3、6. 4、2. 1，增速分别为 10. 5%、10. 4%、10. 3%、5. 3%、3. 9%、1. 5%，增量分别为 1 345、4 865、6 953、1 601、8 475、4 998（单位：亿立方米）。随着欧美地区工业化的完成，经济增长放缓，天然气的需求量增速也随之

放缓，但消费量依然很大，1965—2015 年欧洲、北美洲、亚太地区、中东地区、中南美洲、非洲的年均天然气消费量（单位：亿立方米）分别为 7 845、6 980、2 242、1 465、725、462，欧洲和北美洲年均消费量分别是非洲的 17 倍和 15 倍，正所谓“瘦死的骆驼比马大”。进入 20 世纪 90 年代后，亚太地区经济迅猛发展，对天然气的需求逐年上升，消费量迅猛增加，增量很大（1965—1974 年累积增量居第二，1975—2015 年累积增量超过欧洲居第一），是天然气消费的主要拉动力量，有望继欧美之后成为新的全球天然气消费中心。

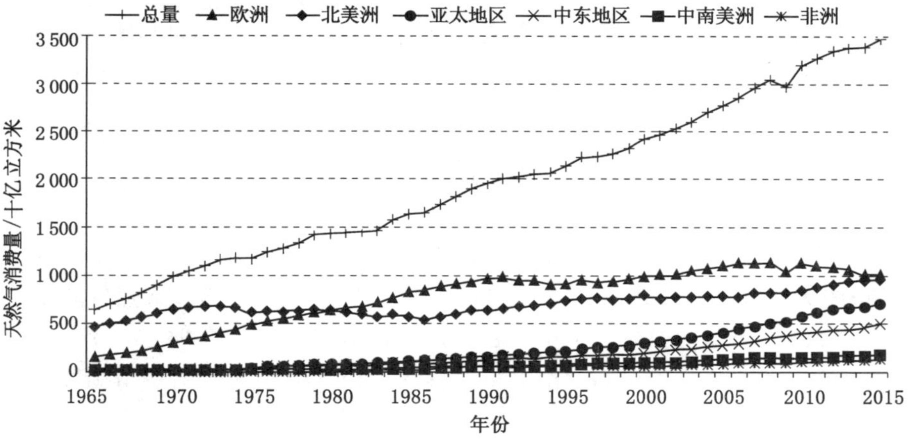

图 3-7　1965—2013 年全球各区域集团天然气消费量

（数据来源：BP，2014）

1965—2015 年各区域集团天然气消费量占比（图 3-8）则更加复杂。北美洲的天然气消费占比呈下降形态，从 1965 年高达 72.7％下降为 2015 年的 27.8％，欧洲则为先升后降的形态，1981 年欧洲占比为 45.2％，一举超过北美洲的 43.1％，反映了欧洲从当年的“小跟班”成长为能源消费的重要一级。其余 4 个区域天然气消费占比均为持续增长的曲线形态，但 1965—2015 年亚太地区占比从 0.9％增长到 20.2％，中南美洲从 2.2％增长到 5.0％，中东地区由0.6％增长到 14.1％，非洲从 0.2％增长到 3.9％，1973 年亚太天然气消费占比超过中南美洲，且差距越来越大。这些数据也印证了亚太地区的发展速度比其余 3 个区域快，经济实力得到更显著提升。可见，天然气消费与经济发展是密切的正相关关系。

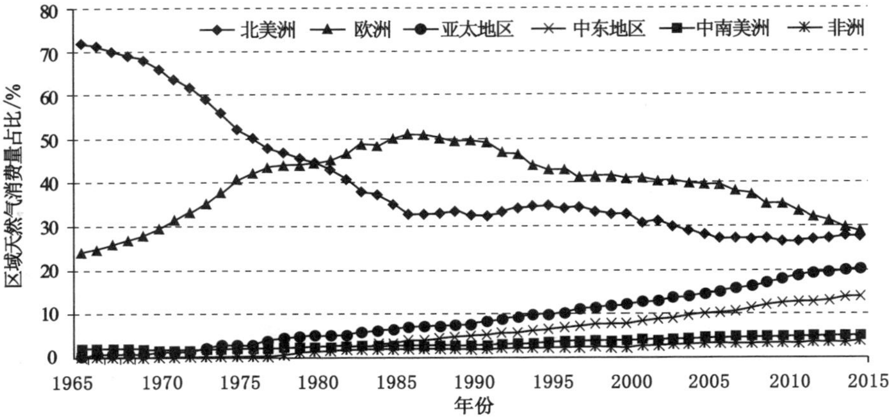

图 3-8 1965—2015 年全球各区域集团天然气消费占比

(数据来源:BP,2016)

其中 2015 年各区域集团天然气消费量和占比见表 3-3。其中,欧洲(含俄罗斯)的天然气消费量最大,消费量为 10 035 亿立方米,占全球天然气总消费量的 28.9%;北美洲消费量为 9 636 亿立方米,占比为 27.8%,居第二;亚太地区消费量为 6 786 亿立方米,占比为 20.2%,居第三;中东地区消费量为 4 902 亿立方米,占比为 14.1%,居第四;中南美洲消费量 1 748 亿立方米,占比 5.0%,位居第五;非洲1 355 亿立方米,占比 3.9%,居最后。可以看出,欧洲和北美洲是全球天然气消费的两大中心,两大区域之和占全球天然气总消费量的 56.7%。

表 3-3 2015 年全球六大自然区域天然气消费量和相应占比

	欧洲	北美洲	亚太地区	中东地区	中南美洲	非洲	总量
消费量/万立方米	10 035	9 636	6 786	4 902	1 686	1 233	33 476
占比/%	28.9	27.8	20.2	14.1	5.0	3.9	100.0

数据来源:BP,2016。

据 BP(2016 年)公布的数据,2015 年全球前 12 个天然气消费大国是美国、俄罗斯、中国、伊朗、日本、加拿大、沙特阿拉伯、德国、墨西哥、英国、阿联酋、意大利,它们的消费量之和占全球消费总量的 64.5%。其中,美国和俄罗斯是两大消费巨头,消费量分别为 7 780 亿立方米和 3 915 亿立方米,占全球的消费比重分别为 22.4%和 11.3%,两国的天然气消费量超过全球的三分之一。从

1985—2015 年国别天然气消费量和占比图来看，这些国家一直是传统的天然气消费大国，但消费占比却呈下降的趋势(图 3-9)。

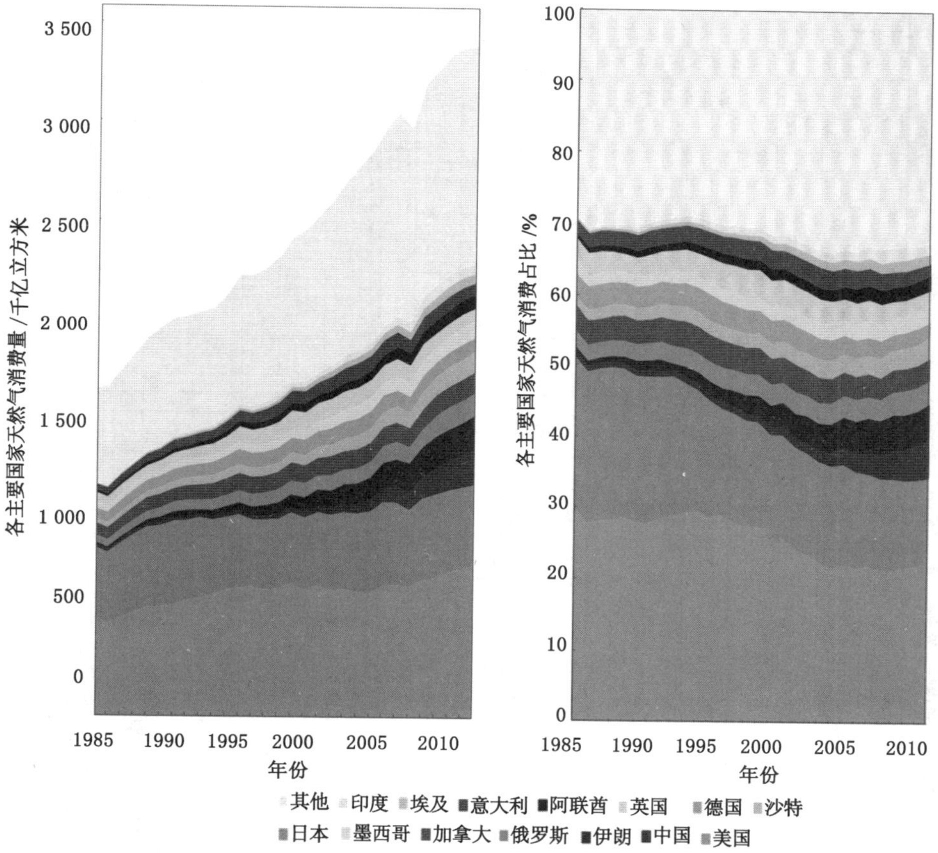

图 3-9　1985—2015 全球主要天然气消费大国和占比

(数据来源：BP，2016)

从人均消费量来看，天然气消费也主要集中在北美、中东和前苏联等天然气资源丰富的地区，这些地区的人均天然气消费量在 2 吨油当量以上；其次是欧洲、亚太(主要是澳大利亚、东南亚少数国家)和中南美洲部分国家，这些地区的人均消费量在 1～2 吨油当量之间；亚、非、拉等大部分经济欠发达地区的人均消费量最低，在 0.5 吨油当量以下。

再从十年一周期的天然气消费数据来看(表 3-4)，20 世纪 70 年代，北美洲的天然气消费量和占比遥遥领先欧洲，80 年代，两大集团的消费量旗鼓相当，到

表 3-4　1970—2010 年全球各区域及主要国家天然气消费量、占比及增速

地区及国家	1970 年		1980 年		1990 年		2000 年		2010 年		1970—1980 年平均增速	1980—1990 年平均增速	1990—2000 年平均增速	2000—2010 年平均增速
	消费量	占比	消费量	占比	消费量	占比	消费量	占比	消费量	占比				
北美洲	645.2	65.9	638.1	44.5	637.4	32.5	794.4	32.9	849.6	26.7	0.0	0.0	1.8	1.0
美国	598.6	61.1	562.9	39.3	542.9	27.7	660.7	27.4	682.1	21.4	−1.0	0.0	1.8	0.0
加拿大	36.4	3.7	52.2	3.6	66.9	3.4	92.7	3.8	95.0	3.0	3.4	2.7	3.4	0.0
墨西哥	10.2	1.0	23.0	1.6	27.5	1.4	40.9	1.7	72.5	2.3	8.7	1.8	4.1	6.1
中南美洲	18.1	1.8	35.0	2.4	57.8	2.9	95.1	3.9	148.0	4.7	6.6	5.4	4.8	4.8
阿根廷	6.0	0.6	11.5	0.8	20.3	1.0	33.2	1.4	43.3	1.4	6.6	6.1	4.8	2.7
巴西	0.1	0.0	1.0	0.1	3.1	0.2	9.4	0.4	26.8	0.8	25.8	12.0	12.0	8.4
委内瑞拉	7.7	0.8	14.8	1.0	22.0	1.1	27.9	1.2	29.0	0.9	6.6	4.1	2.7	0.0
欧洲	290.1	29.6	636.3	44.4	973.7	49.7	988.3	41.0	1127.4	35.4	8.2	4.1	0.0	1.0
俄罗斯					407.6	20.8	360.4	14.9	414.2	13.0			1.0	1.0
英国	11.3	1.2	44.8	3.1	52.4	2.7	96.8	4.0	94.2	3.0	14.9	1.8	6.1	0.0
德国	15.0	1.5	57.4	4.0	59.9	3.1	79.5	3.3	83.3	2.6	14.3	0.0	2.7	0.0
意大利	13.6	1.4	25.4	1.8	43.4	2.2	64.8	2.7	76.2	2.4	6.6	5.4	4.1	1.8
荷兰	16.9	1.7	33.6	2.3	34.6	1.8	39	1.6	43.6	1.4	7.2	0.0	1.0	1.0
法国	10.3	1.1	26.2	1.8	29.3	1.5	39.2	1.6	46.9	1.5	9.6	1.0	2.7	1.8
中东	9.8	1.0	33.1	2.3	97.1	5.0	186.8	7.7	385.8	12.1	13.0	11.2	6.6	7.7
伊朗	2.7	0.3	4.8	0.3	24.1	1.2	62.9	2.6	152.9	4.8	6.1	17.5	10.0	9.1
卡塔尔	1.0	0.1	5.2	0.4	6.3	0.3	9.7	0.4	20.4	0.6	17.9	1.8	4.1	7.7

表 3-4(续)

地区及国家	1970 年		1980 年		1990 年		2000 年		2010 年		1970—1980 年平均增速	1980—1990 年平均增速	1990—2000 年平均增速	2000—2010 年平均增速
	消费量	占比	消费量	占比	消费量	占比	消费量	占比	消费量	占比				
沙特	1.6	0.2	9.7	0.7	33.5	1.7	49.8	2.1	87.7	2.8	19.8	13.0	4.1	6.1
阿联酋	0.8	0.1	4.9	0.3	16.9	0.9	31.4	1.3	60.8	1.9	20.0	13.0	6.6	6.6
非洲	1.7	0.2	19.5	1.4	39.7	2.0	57.7	2.4	107.9	3.4	27.7	7.2	4.1	6.6
阿尔及利亚	1.0	0.1	11.4	0.8	20.3	1.0	19.8	0.8	26.3	0.8	27.6	6.1	0.0	2.7
埃及	0.1	0.0	2.2	0.2	8.1	0.4	20.0	0.8	45.1	1.4	36.1	14.0	9.6	8.7
南非			0.3	0.0	0.3	0.0	1.2	0.0	3.9	0.1		0.0	16.2	12.7
亚太	14.6	1.5	72.0	5.0	154.4	7.9	290.2	12.0	562.2	17.7	17.2	7.7	6.6	6.6
中国	2.9	0.3	14.3	1.0	15.3	0.8	24.5	1.0	106.9	3.4	17.2	1.0	4.8	16.0
印度	0.7	0.1	1.2	0.1	12.0	0.6	26.4	1.1	63.0	2.0	5.4	25.9	8.2	9.1
日本	3.4	0.3	24.1	1.7	48.1	2.5	72.3	3.0	94.5	3.0	21.7	7.2	4.1	2.7
韩国					3.0	0.2	18.9	0.8	43.0	1.4			20.2	8.7
澳大利亚	1.7	0.2	11.1	0.8	16.9	0.9	20.5	0.9	25.4	0.8	20.6	4.1	1.8	1.8
全球	979.5		1433.9		1960.2		2412.5		3180.8		4.1	3.4	1.8	2.7
OECD	735.7	75.1	908.0	63.3	999.7	51.0	1355.4	56.2	1551.8	48.8	1.8	1.0	3.4	1.0
非 OECD	243.8	24.9	525.9	36.7	960.5	49.0	1057.1	43.8	1629.0	51.2	8.2	6.1	1.0	4.1
欧盟	108.0	11.0	270.9	18.9	325.8	16.6	443.0	18.4	502.2	15.8	9.6	1.8	3.4	1.0
前苏联	181.0	18.5	360.3	25.1	643.2	32.8	526.8	21.8	581.5	18.3	7.2	6.1	2.2	1.0

数据来源:BP,2014。

注:表中消费量单位为十亿立方米,占比单位为%,平均增速单位为%。

90年代，欧洲（含前苏联地区）的消费量开始远远地超过美国，原因在于其得天独厚的资源禀赋，前苏联很多国家是天然气资源大国。但20世纪90年代之后，北美的天然气消费增速快于欧洲地区，主要是美国页岩气的成功开发使得天然气价格下跌，从而刺激了北美的消费增长，而欧洲天然气消费“一哥”俄罗斯正经历痛苦的经济转型，消费出现负增长。从国家来看，20世纪七八十年代是各国天然气消费的快速增长期，除美国和加拿大等少数国家之外，增速在6%以上。但进入20世纪80年代，天然气的消费增长出现分化。发达国家工业化的完成，经济增长放缓，天然气需求量的增速也随之放缓，甚至出现零增长或负增长，占比也呈下降趋势，但其消费总量和人均消费量依然很大。相比之下，伊朗、沙特、阿联酋等中东天然气资源大国及中国、巴西、印度、南非等新兴发展中国家消费增速依旧显著，这些国家40年间的年均增速在7%以上，高于同时期全球天然气消费的年均增速（3.0%），更是远远高于美国、俄罗斯、加拿大、意大利、法国、英国、德国等老牌消费大国，成为20世纪80年代之后拉动全球天然气消费增长的主要力量。

从天然气消费的地域结构可以看出，与其他一次能源相比，天然气工业更加具有上中下游产业高度一体化的特点，其发展程度更明显地受经济发展水平的制约。如果说天然气生产格局更多受资源制约，那么消费格局则主要受经济发展需求的影响（张抗，2009）。

3.3.3 天然气消费的部门结构

世界各国的天然气消费部门结构具有明显的国别特征，可概括为3种典型的消费结构模式：以美国为代表的结构均衡模式；以英国、荷兰为代表的城市燃气为主模式；以日本、韩国为代表的发电为主模式（周淑慧等，2008）。美国天然气工业发展初期以工业用户为主，随着基础设施的逐渐完善，民用、商业用天然气才发展起来。目前，美国的天然气市场已成熟，消费量基本稳定，消费结构相对均衡。英国从20世纪70年代后，开始大规模利用天然气。针对当时环境污染严重、居民大量使用人工煤气的现状，英国政府以民用天然气为切入点实施了用天然气置换煤气的计划，利用了10年的时间全部置换完毕，在此基础上才逐渐发展天然气发电。荷兰天然气主要用于工业、居民家庭及商业。韩国与日本类似，1986年首批LNG进入韩国市场用于发电。1990年后，韩国大力发展城市用天然气，同时大力推广联合循环发电、天然气制冷和压缩天然气汽车。

美国天然气消费量大，结构均衡，具有很好的代表性。下面以其天然气消费的部门结构做一个典型剖析。

美国天然气消费从1950年的1 615亿立方米增长到2013年的7 290亿立

方米，达到历史的高点，增长了 4.51 倍，年增长率为 2.42%，整体呈波浪式的上升趋势。1972 年为阶段性的峰值，消费量为 6 188 亿立方米，1986 年为阶段性的谷底，消费量为 4 542 亿立方米(图 3-10)。从美国各部门天然气的历史消费量看，1950—2013 年生活部门(含民用和商用)的消费量可以划分为 2 个阶段，1950—1972 年为快速上升阶段，从 444 亿立方米大幅度攀升至 2 166 亿立方米，年均增长 7.5%；1973—2013 年为波浪式起伏阶段，波幅不大，进入一个平台期。美国工业部门的天然气消费也大概可以划分为两个阶段，1950—1973 年为稳步上升阶段，从 959 亿立方米上升为 2 852 亿立方米，年均增长 4.8%，1973 年美国达到该部门天然气消费的历史峰值，之后随经济的波动而呈波浪式起伏，波幅较大。总体上看，美国的工业部门和生活部门与美国整体的天然气消费历史有较为相似的走势，但生活部门，特别是民用消费，初期有强烈的刚性需求，但当刚需得到基本满足后，增长的空间则较为有限，因此生活部门后期波动的幅度不如工业部门大。发电部门的天然气消费量呈总体的增长态势，从 1950 年的 176 亿立方米增长到 2013 年的 2 283 亿立方米，年均增长率为 4.2%，2012 年天然气发电消费到达历史的峰值，为 2 551 亿立方米。天然气在交通部门消费的领域较广，整体看呈波浪式上升趋势，但消费量很小，1950—2013 年该部门的天然气消费从 35 亿立方米增长到 217 亿立方米，2013 年天然气在交通部门的消费到达历史的峰值，年均增长率为 2.9%。但据 1990—2013 年汽车的天然气消费数据，增长趋势十分明显，交通部门正成为未来天然气消费的重要增长点。因此，天然气在发电部门主要是替代煤炭，在交通部门主要是替代石油，符合低碳经济时代的要求，这是未来天然气消费增长潜力最大的两个领域。

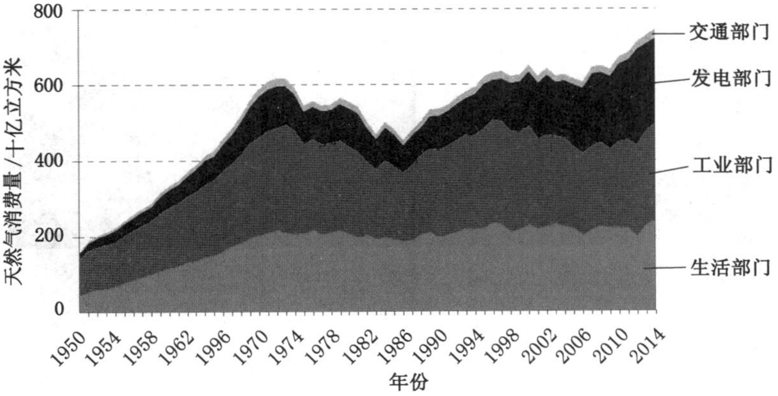

图 3-10　1950—2014 年美国天然气的部门消费量

(数据来源：EIA，2015)

美国天然气消费的部门占比变化特点可以概括为“一降，一先升后降，一升，一平”(图 3-11)。工业部门的占比最大，但呈下降趋势，从 1950 年的 59.4% 下降到 2013 年的 34.1%。生活部门占比从 20 世纪 50 年代开始至 80 年代中期是震荡上行走势，反映了第二次世界大战后美国生活水平的提高，天然气消费量的增加。值得注意的是，1986 年美国生活部门的天然气绝对消费量为 1 857 亿立方米，为 1969 年之后的最低值，但其占比为 40.9%，达到历史的峰值，说明该阶段天然气的产量遇到一个瓶颈，价格上涨，制约了总体消费量，但生活部门的刚需又客观存在，不易轻易改变，而其他部门的弹性系数则更大，发生了生活部门的天然气消费挤占其他部门消费的情况。1986 年之后占比总体是震荡下行的走势，2013 年的占比为 31.6%，但其绝对消费量却是稳中有升。这反映了美国天然气总消费量在上升，但生活部门的消费到达一定程度之后趋于稳定，也说明美国非常规天然气的商业性开发增加了其产量，为天然气消费打下了坚实基础。发电部门的消费占比呈较明显的上升趋势，从 1950 年 10.9%增长到 2012 年的 35.7%和 2013 年的 31.3%，是消费占比增长最快的部门，反映了人们对清洁能源的需求。交通部门的天然气消费基本在 2%～3%之间徘徊，幅度变化很小，说明该部门需求基本随总消费在同步变化，该部门的需求弹性系数较大。

图 3-11　1950—2014 年美国天然气部门消费占比

(数据来源：EIA，2014)

2014 年美国工业部门的天然气消费量占比最高，为 34.3%，民用和商用等生活部门占比次之，为 32.1%，发电部门的消费量占比为 30.5%，交通部门的消费量最小，占比仅为 3.1%。可以看出，基本上是生活部门、工业部门、发电部门各占三分之一。美国各部门的内部能源消费构成还显示，天然气在生活部门和工业部门的消费占比分别为 75%，41%，均占所在部门的"头把交椅"；发电部门的能源品种构成以煤炭、天然气、核能为主，各占 45%，20%，21%；交通部门的能源消费以石油为绝对主导，占 93%，天然气的比例仅为 3%(图 3-12)。

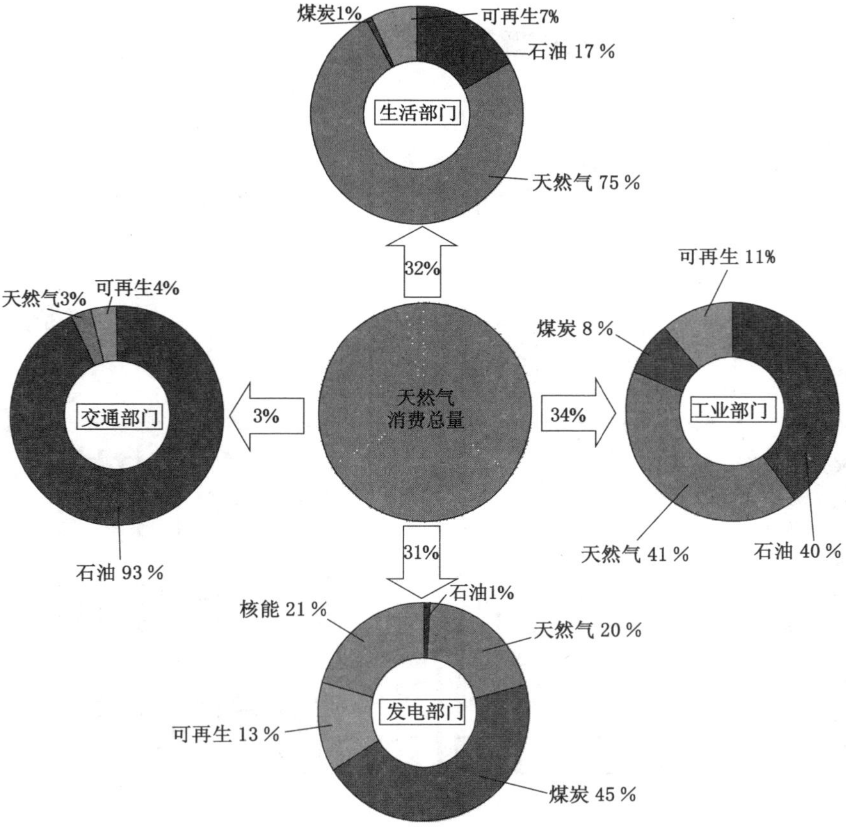

图 3-12　2014 年美国天然气消费结构及各部门能源消费构成

(数据来源：EIA，2015)

4 天然气的生产格局

4.1 全球天然气资源概述

4.1.1 资源分布概况

尽管全球天然气采出量不断增加，但得益于勘探技术的进步、勘探范围的扩大、开采技术的提高等原因，其储量仍在逐年增加。截止到 2015 年年底，全球天然气探明储量为 186.9 万亿立方米，与 2014 年探明储量基本持平。1980—2015 年间全球天然气探明储量一直稳步增长，2015 年比 1980 年增加了 2.61 倍，年均增速为 2.78%（图 4-1）。

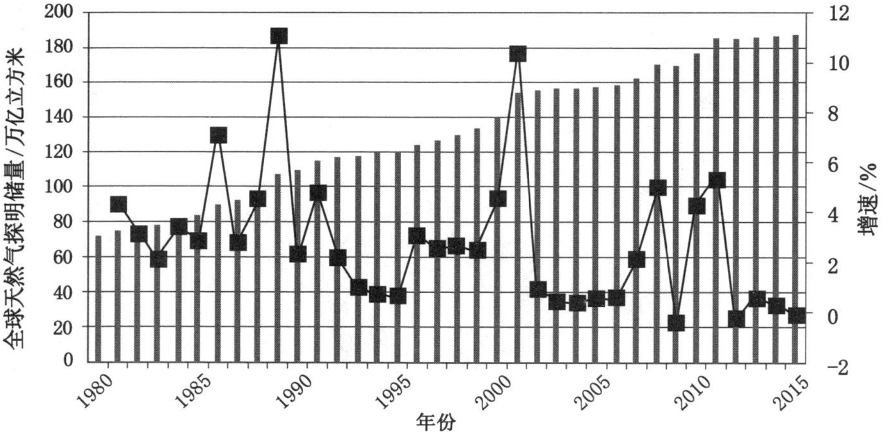

图 4-1　1980—2015 年全球天然气探明储量和增速变化图

（数据来源：BP，2016）

从地区分布来看，全球天然气资源分布并不均衡。1980—2015 年全球各区域天然气储量表明，六大区域每年都有新增探明储量，但中东地区及欧洲和欧亚大陆为第一集团，其他区域为第二集团(图 4-2)。

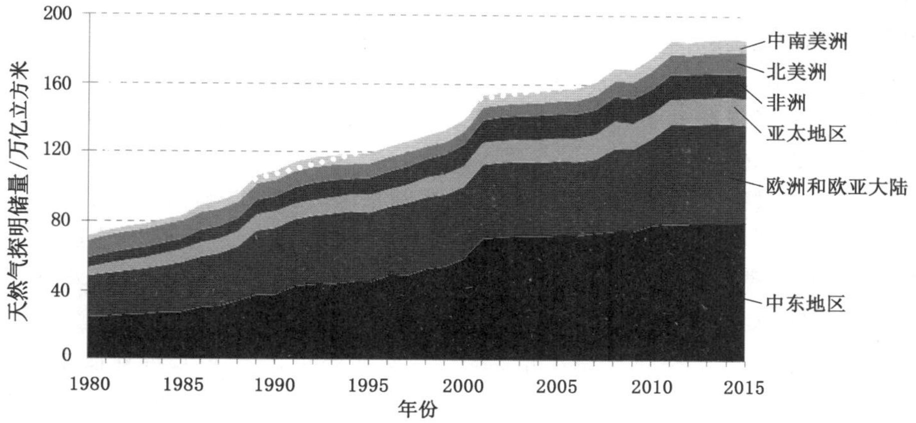

图 4-2 1980—2015 年全球各区域天然气探明储量

(数据来源：BP，2016)

1980—2015 年全球各区域天然气储量占比表明，中东地区在全球天然气储量中的份额是逐步递增的，而欧洲和欧亚大陆、北美洲呈递减的势头，亚洲、非洲和中南美洲则保持相对平稳(图 4-3)。

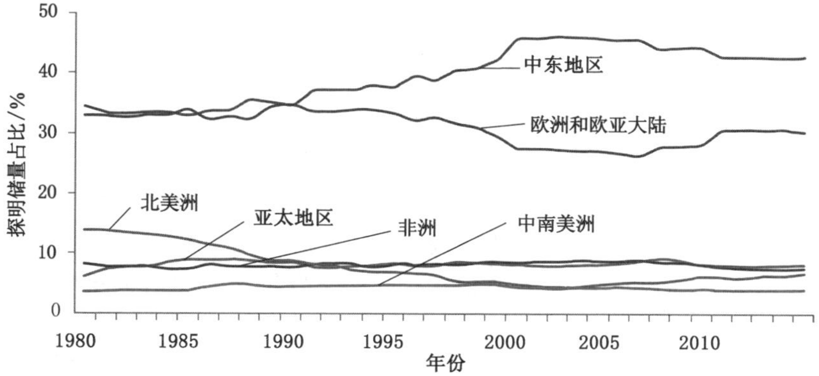

图 4-3 1980—2015 年全球各区域天然气探明储量占比

(数据来源：BP，2016)

中东天然气储量总量很大，且呈增长态势。1991 年开始超过欧洲和欧亚大陆，成为全球储量第一大区。其中伊朗和卡塔尔两国天然气储量最大，伊朗占中东天然气总储量的 42.1%，卡塔尔占 30.7%。两国共同拥有世界上最大的天然气田，该气田卡塔尔所有部分称为“北方气田”，面积为 6 000 平方千米，拥有天然气可采储量 25.5 亿立方米及凝析油可采储量 100 亿桶以上；伊朗部分称为“南帕尔斯气田”，面积为 3 700 平方千米，拥有天然气可采储量 10.1 亿立方米和凝析油可采储量 90 亿桶。该气田为背斜圈闭，二叠纪-早三叠世 Khuff 组碳酸盐储层，源岩为下志留统页岩，盖层为三叠纪 Dashtak 组（李秀慧，2013）。

欧洲和欧亚大陆是全球第二大天然气储量区，但其在全球的占比呈逐步递减趋势。俄罗斯沉积盆地众多，沉积岩总体积巨大，剩余可采储量基本保持稳定，仅常规天然气储量还仍有很大潜力。土库曼斯坦的 Galkynysh 天然气气田 2008 年有重大发现，使其储量不断大规模增长。

亚太地区天然气储量稳步增长，占比变化不大。亚太天然气储量分散，主要的储量大国是澳大利亚、中国、印尼和马来西亚，2015 年占本区域总储量的比重分别是 24.2%、21.5%、19.1%和 7.2%。印度和马来西亚较 2014 年有较大的增长。由于爪哇海沟板块俯冲带内侧及菲律宾板块东西两侧地温梯度普遍偏高，又有一定的沉积厚度，因此亚太地区具有较高的天然气勘探潜力。

非洲天然气储量也保持着稳步增加的趋势，但占比变化不大。其两个主要的天然气储量大国是尼日利亚和阿尔及利亚。2015 年，尼日利亚天然气储量占非洲总储量的 35.8%，阿尔及利亚占 31.7%，另外，埃及占 12.7%，利比亚占 10.6%。近年埃及和利比亚的天然气储量增长较快。

北美天然气探明储量和占比均呈现持续下降趋势，但自 2004 年开始，扭跌为升，这主要是得益于美国天然气储量的增加。美国天然气储量是北美当之无愧的领头羊，以 2013 年的数据为例，美国天然气储量占北美 79.5%的份额，而美国天然气储量的增加则得益于页岩气勘探开发技术的成功。

中南美洲天然气储量也一直保持逐步增加的趋势，占比平稳。该地区的储量第一大国为委内瑞拉，2015 年委内瑞拉的天然气储量占中南美洲的 72.4%。据委内瑞拉石油公司公布的数据，该国陆地天然气蕴藏总量预计为 4.29 万亿立方米，海洋天然气蕴藏量可能达 2.86 万亿立方米。近年来，委内瑞拉加快了海上勘探，使得储量不断增加。2007 年 9 月，该国东部德尔塔纳海域 2 号和 3 号勘探区块的天然气探明储量翻了一番以上，从 0.1 万亿立方米增加到近 0.23万亿立方米；2010 年 8 月，通过意大利埃尼和西班牙雷普索尔公司开发的海上区块，使其探明天然气储量中又增加了 0.18 万亿立方米；2010 年 11 月，位于委内瑞拉湾的 Perla 气田拥有的天然气储量达到 0.43 万亿立方米。

从储采比来看，除欧洲和欧亚大陆以外，其他区域基本都呈下降趋势

(图 4-4)。其中中东地区下降趋势比较明显,由 1980 年的 701.3 年下降到 2015 年的 129.5 年,但一直远远高于全球的其他地区。区域内储量大国伊朗、卡塔尔的储采比都在 200 年左右。欧洲和欧亚大陆的储采比呈曲折上升趋势,主要是由于近十几年中亚地区前苏联国家,特别是土库曼斯坦的储量剧增,使得欧洲和欧亚大陆的储采比由 1980 年的 38.4 年提高到 2013 年的 57.4 年。

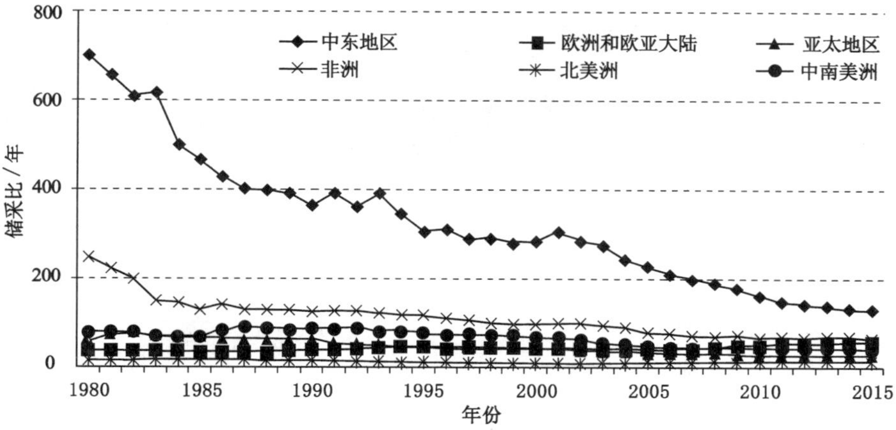

图 4-4 1980—2015 年全球各区域天然气储采比

(数据来源:BP,2016)

如果对天然气储量的区域分布作进一步的分析,有两点值得注意。第一,前苏联国家天然气储量占欧洲和欧亚大陆区域的绝大多数。据 BP 发布的最新数据,2015 年前苏联国家天然气以 53.6 万亿立方米的储量占全球天然气储量 28.7%,其余欧洲国家只占 1.7%。中东地区以 80.03 万亿立方米的储量居第一,占全球份额的 42.8%,中南美洲 2015 年的探明储量仅为 7.6 万亿立方米,占全球总探明储量的 4.1%,居 6 大区域的末位(图 4-5)。中东地区和前苏联国家的天然气储采比分别为 129.5 和 71.3 年,均远高于全球平均水平(图 4-6)。第二,代表发达经济体的 OECD 国家 1980—2015 年天然气储量增速为0.91%,欧盟为−2.97%,而代表发展中经济体的非 OECD 国家的天然气增速为 3.11%,前苏联国家为 2.92%(表 4-1)。

从国家分布来看,2015 年全球有 13 个国家探明的天然气储量在 3 万亿立方米之上,按序排列依次为伊朗、俄罗斯、卡塔尔、土库曼斯坦、美国、沙特阿拉伯、阿联酋、委内瑞拉、尼日利亚、阿尔及利亚、澳大利亚、伊拉克和中国,它们的

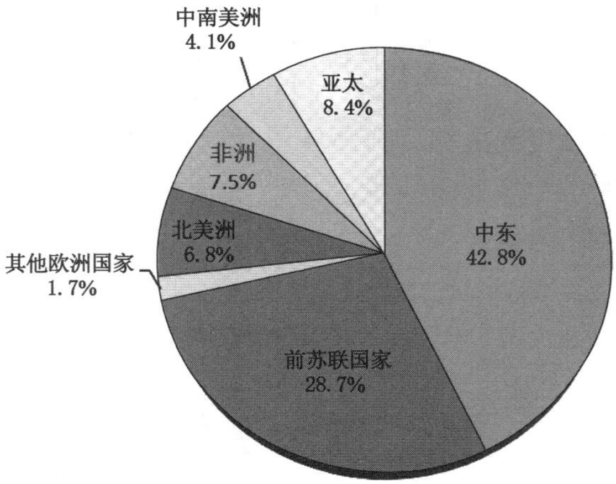

图 4-5　2015 年全球天然气储量区域分布

（数据来源：BP，2016）

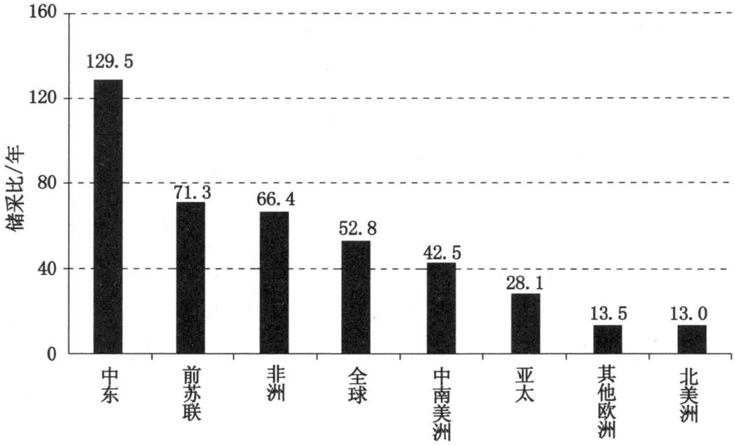

图 4-6　2015 年全球各区域天然气储采比

（数据来源：BP，2016）

储量之和占全球总储量的 84.3%。其中伊朗、俄罗斯、卡塔尔和土库曼斯坦等 4 个国家的探明储量超过 10 万亿立方米，分别为 34 万亿立方米、32.3 万亿立方米、24.5 万亿立方米和 17.5 万亿立方米，占全球份额的 18.2%、17.3%、13.3%和 9.4%，他们的储量之和占全球总储量的 58.2%（表 4-1）。

表 4-1 1980—2015 年全球各区域及主要国家天然气储量、占比及增速

地区及国家	1980 年		1990 年		2000 年		2010 年		2015 年		1980—1990 年平均增速	1990—2000 年平均增速	2000—2015 年平均增速	1980—2015 年平均增速
	储量	占比	储量	占比	储量	占比	储量	占比	储量	占比				
北美洲	10.0	13.9	9.5	8.7	7.5	5.4	11.0	6.2	12.8	6.8	−0.40	−2.30	3.82	0.71
美国	5.6	7.9	4.8	4.4	5.0	3.6	8.6	4.9	10.4	5.6	−1.60	0.50	5.36	1.78
加拿大	2.5	3.5	2.7	2.5	1.7	1.2	2.0	1.1	2.0	1.1	0.90	−4.70	1.40	−0.64
墨西哥	1.8	2.6	2.0	1.9	0.8	0.6	0.4	0.2	0.3	0.2	1.00	−8.50	−6.50	−4.82
中南美洲	2.7	3.8	5.2	4.7	6.9	4.9	7.5	4.3	7.6	4.1	6.70	2.90	0.90	3.00
阿根廷	0.6	0.9	0.7	0.6	0.8	0.6	0.4	0.2	0.3	0.2	0.30	1.70	−6.60	−1.86
巴西	0.1	0.1	0.1	0.1	0.2	0.2	0.4	0.2	0.5	0.2	8.10	6.70	5.80	6.16
委内瑞拉	1.3	1.8	3.4	3.1	4.2	3.0	5.5	3.1	5.6	3.0	10.50	1.90	2.30	4.36
欧洲和欧亚大陆	23.8	33.2	38.5	35.2	41.3	29.7	49.3	28.0	56.8	30.4	4.90	0.70	2.50	2.52
哈萨克斯坦					1.2	0.9	1.3	0.7	0.9	0.5			1.60	
荷兰	1.9	2.7	1.8	1.6	1.5	1.1	1.1	0.6	0.7	0.4	−0.60	−1.70	−4.20	−2.92
挪威	0.4	0.5	1.7	1.5	1.3	0.9	2.0	1.2	1.9	1.0	15.80	−2.80	3.80	4.57
俄罗斯					29.6	21.3	30.6	17.4	32.3	17.3			0.40	
土库曼斯坦					2.3	1.7	10.2	5.8	17.5	9.4			16.80	
英国	0.7	1.0	0.5	0.5	1.2	0.9	0.3	0.1	0.2	0.1	−3.00	8.20	−11.60	−3.58
乌兹别克斯坦	—	—	—	—	1.2	0.8	1.1	0.6	1.1	0.6	—	—	−0.60	
中东	24.7	34.5	38.0	34.7	59.1	42.5	79.3	45.0	80.0	42.8	4.40	4.50	2.40	3.42
伊朗	14.1	19.7	17.0	15.5	26.0	18.7	33.1	18.8	34	18.2	1.90	4.30	2.00	2.55
伊拉克	0.8	1.1	3.1	2.8	3.1	2.2	3.2	1.8	3.7	2.0	14.90	0.00	1.00	4.55

表 4-1(续)

地区及国家	1980 年		1990 年		2000 年		2010 年		2015 年		1980—1990年平均增速	1990—2000年平均增速	2000—2015年平均增速	1980—2015年平均增速
	储量	占比	储量	占比	储量	占比	储量	占比	储量	占比				
卡塔尔	2.8	3.9	4.6	4.2	14.4	10.4	25.0	14.2	24.5	13.1	5.10	12.10	4.20	6.40
沙特	3.2	4.4	5.2	4.8	6.3	4.5	8.0	4.5	8.3	4.5	9.00	1.90	2.10	2.78
阿联酋	2.4	3.3	5.6	5.1	6.0	4.3	6.1	3.5	6.1	3.3	3.60	0.70	0.20	2.73
非洲	6.0	8.4	8.6	7.8	12.5	9.0	14.5	8.3	14.1	7.5	−1.20	3.90	1.00	2.47
阿尔及利亚	3.7	5.2	3.3	3.0	4.5	3.2	4.5	2.6	4.5	2.4	16.30	3.20	0.00	0.55
埃及	0.1	0.1	0.4	0.3	1.4	1.0	2.2	1.3	1.8	1.0	5.80	14.20	2.00	9.23
利比亚	0.7	1.0	1.2	1.1	1.3	0.9	1.5	0.8	1.5	0.8	9.40	0.90	1.30	2.27
尼日利亚	1.2	1.6	2.8	2.6	4.1	2.9	5.1	2.9	5.1	2.7	8.00	3.80	1.70	4.33
亚太	4.5	6.2	9.6	8.8	11.9	8.5	14.5	8.3	15.6	8.4	17.70	2.10	1.90	3.64
澳大利亚	0.2	0.3	0.9	0.8	2.2	1.6	3.7	2.1	3.5	1.9	3.60	9.10	4.00	8.80
中国	0.7	1.0	1.0	0.9	1.4	1.0	2.7	1.5	3.8	2.1	7.40	3.20	6.90	4.97
印度	0.3	0.5	0.7	0.6	0.8	0.5	1.1	0.7	1.5	0.8	13.30	0.90	4.50	4.28
印度尼西亚	0.8	1.1	2.9	2.6	2.7	1.9	3.0	1.7	2.8	1.5	13.30	−0.60	0.70	3.60
马来西亚	0.9	1.2	1.6	1.5	2.3	1.7	1.1	0.6	1.2	0.6	6.80	3.60	5.60	0.92
全球	71.6		109.4		139.2		176.2		185.7		4.30	2.40	2.20	2.78
OECD	14.3	19.9	15.7	14.4	14.7	10.5	19.6	10.5	19.6	10.3	1.00	−0.70	2.10	0.91
非 OECD	57.3	80.0	93.7	85.6	124.5	89.4	167.3	89.4	167.3	89.5	5.10	2.90	2.30	3.11
欧盟	3.7	5.2	3.4	3.1	3.8	2.8	2.4	1.3	1.3	0.7	−0.90	1.20	6.60	−2.97
前苏联	19.6	27.3	33.3	30.5	36.1	26.0	44.9	25.5	53.6	28.7	5.40	0.80	3.00	2.92

数据来源:BP,2016。

注:表中储量单位为万亿立方米,占比单位为%,平均增速单位为%。

综上所述，各区域或各国由于资源禀赋、开采技术和勘探水平的差异，探明储量差距巨大，增速也不尽相同。北美由于基数大，1980—2015 年天然气探明储量年均增速为 0.71%，居最后；亚太和中东则因为辽阔的地域和得“地”独厚的禀赋，以年均 3.64%和 3.42%的增速居前两位。埃及和澳大利亚由于 1980 年的基数小，1980—2013 年分别以年均 9.8%和 9.6%位居前两位，卡塔尔以年均 6.8%的增速居第三位。而 1980—2015 年天然气探明储量出现负增长的国家有墨西哥、英国、荷兰、阿根廷和加拿大等国(表 4-1)。

2000—2015 年增长较快的天然气储量大国有美国、委内瑞拉、卡塔尔、土库曼斯坦、埃及、尼日利亚、澳大利亚、印尼、中国等，这些国家多位于中东、前苏联、非洲和亚太地区，这些国家大多受经济发展程度影响，天然气工业发展较晚，天然气资源在近几十年才得到了勘探开发。其中土库曼斯坦与卡塔尔天然气储量占全球比重分别由 2000 年的 1.7%和 10.4%猛增至 2015 年的 9.4%和 13.1%，增量分别为 15.2 万亿立方米和 2.9 万亿立方米，合计占全球增量的 38.9%，增速显著。相比之下，加拿大、挪威等国缓慢增长，而英国、荷兰等国的储量下降较大，这些国家多位于油气勘探程度很高的北海地区(表 4-1)。

4.1.2　非常规天然气资源现状

非常规天然气资源，是指尚未充分认识、还没有可以借鉴的成熟技术和经验进行开发的一类天然气资源。主要包括：致密气、煤层气(瓦斯)、页(泥)岩气、天然气水合物(可燃冰)、水溶气、无机气等。非常规天然气资源的埋藏、赋存状态与常规天然气资源既有相似之处，也有较大的差别，其主要的差别在于资源的“品位低”，开采难度大。两者的关系如图 4-7 所示。

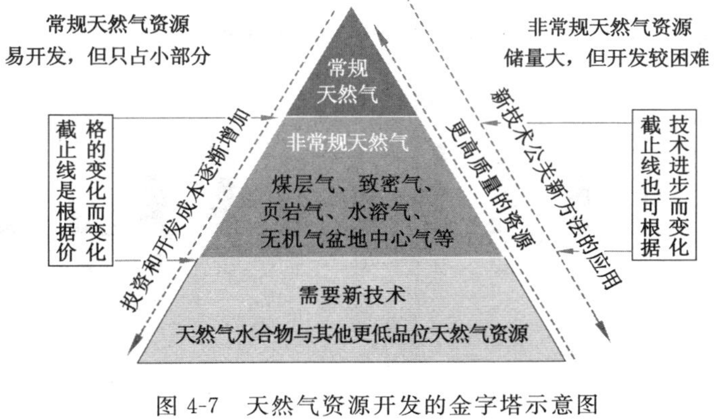

图 4-7　天然气资源开发的金字塔示意图

目前可以利用的非常规天然气主要有页岩气、煤层气和致密气。亚太地区的非常规天然气高达88万亿立方米，位列第一，而常规天然气的主产地中东只有7万亿立方米的页岩气资源量（图4-8）。

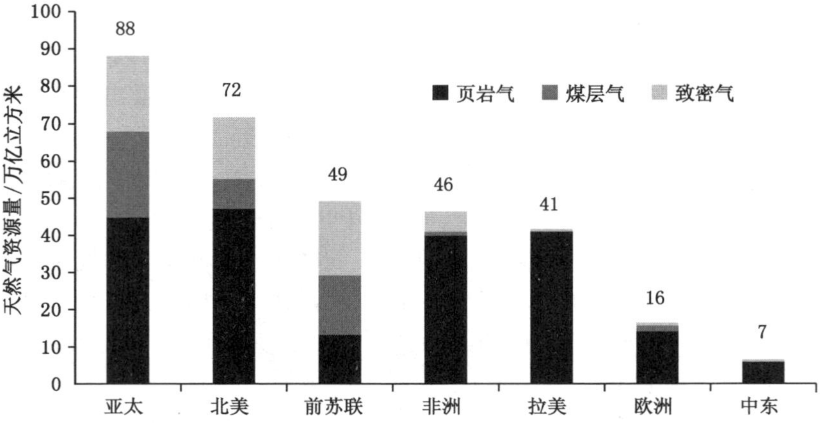

图4-8　全球非常规天然气资源地区分布

（数据来源：FIGNR，2014）

全球非常规天然气资源前十位的国家分别为中国、俄罗斯、美国、加拿大、阿尔及利亚、阿根廷、墨西哥、南非和沙特阿拉伯。其中中国的非常规天然气资源潜力巨大（赵晨光等，2009；李建忠等，2012），高达48万亿立方米，而常规气的资源大国土库曼斯坦和伊朗均不在前十之列（图4-9）。非常规天然气的探索和利用不仅反映了一个国家的资源禀赋，而且反映了一个国家的地质程度和科技水平。

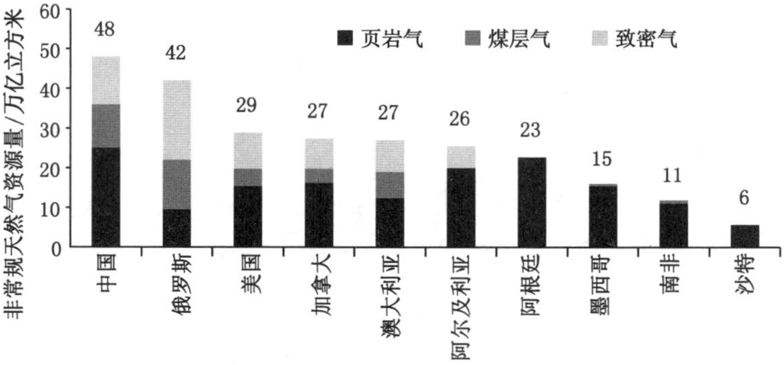

图4-9　全球前十位非常规天然气资源国

（数据来源：FIGNR，2014）

目前页岩气的开发技术已日渐成熟。据估算全球页岩气资源量达到456万亿立方米，占全部非常规天然气资源量的20%，相当于煤层气和致密气的总和(图4-10)。页岩气已经成为一支不容忽视的能源新力量。

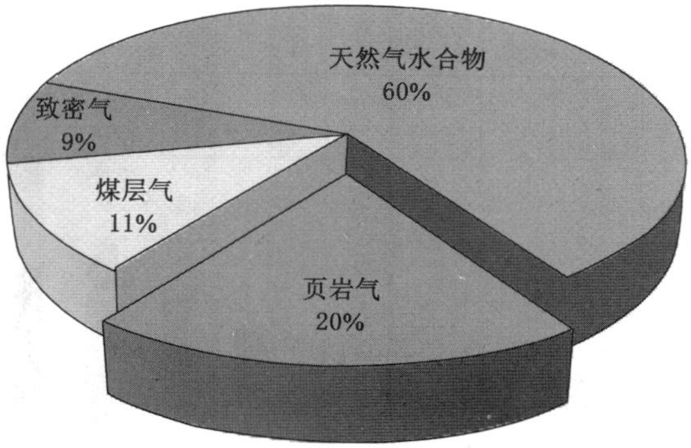

图4-10　全球各类非常规天然气资源量占比图

1821年，美国在Chautauqua泥盆系Durdirk页岩中钻探了第一口工业性天然气井即页岩气井，深8 m，当时由于产气量少而没有得到重视，但却拉开了美国天然气工业发展的序幕。1914年在泥盆系Ohio页岩发现了世界上第一个页岩气田——Big Sandy。1926年发现的东肯塔基和西弗吉尼亚气田(泥盆系页岩)成为当时世界上最大的天然气田。

从1980年开始，美国天然气研究所开始对东部页岩气进行系统研究，实现了世界上最早的页岩气商业化开采，商业开采主要位于下列5个盆地：密歇根Antrim Shale，阿巴拉契亚Ohio Shale，福特沃斯Barnett Shale，伊利诺伊New Albany Shale，圣胡安Lewis Shale。其中Barnett页岩气开采无疑是最成功的，2009年其产量高达560亿立方米，占全美总产量878亿立方米的63.78%，成为世界各国学习的样板。2000年之后，由于技术的突破，美国页岩气开始大量开采，产量迅速增加，在天然气总产量中所占份额也不断上升。2013年美国页岩气产量为2 972亿立方米，比2010年约翻番；2010美国页岩气产量为1 495亿立方米，比2008年翻番还多，发展速度非常惊人(图4-11)。据BP统计数据，2009年美国一举超越俄罗斯，成为世界第一大天然气生产国，页岩气的大量开采是最重要的原因。2012年，美国页岩气产量占天然气总产量的23%，天然气供应实现了自给。

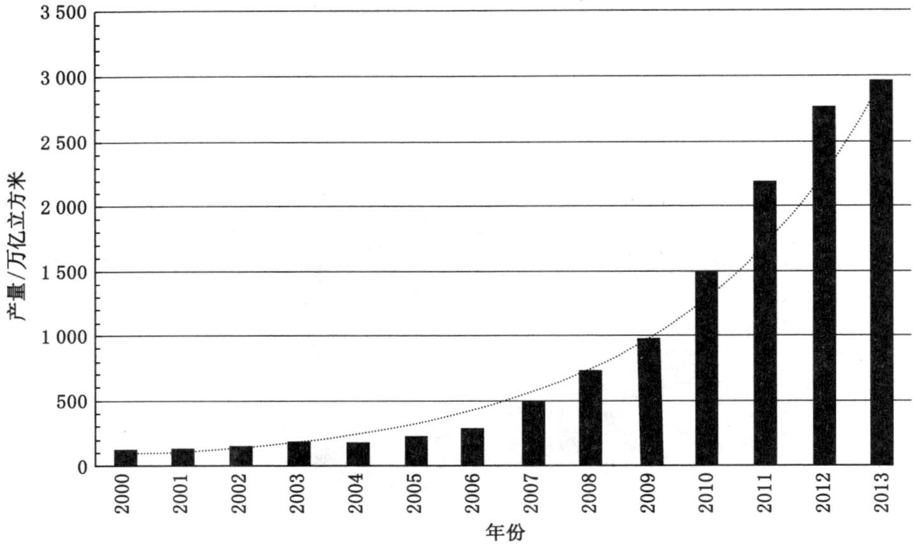

图 4-11　2000—2013 年美国页岩气产量

（资料来源：EIA，2014）

据美国能源信息署（EIA）发布报告，美国页岩气资源量为 42 万亿～52 万亿立方米，技术可采量达 24.4 万亿立方米，而 2013 年美国的天然气消费总量为 0.737 万亿立方米。短短两年时间，页岩气革命也改变了 EIA 等专业机构对美国天然气未来供应格局的预测，2013 年的预测与上一个版本最大的不同就是剔除了天然气的净进口项，可见人们对通过页岩气革命实现美国能源独立的预期是乐观的（图 4-12）。

英国卡梅伦政府时期提出将全力开发页岩气。其能源大臣表示，英国的页岩气资源足以助其扭转对进口天然气的依赖局面，但要开展大量的勘探工作来落实这些页岩气资源。英国在 2014 年夏季举行新一轮陆上区块招标，这是英国第 14 轮陆上区块招标，也是该国首轮页岩气区块招标。由于新的地质研究结果将该国的页岩气资源量提高了一倍，并且政府 2013 年就已出台了一些扶持页岩气勘探开发的税收政策，很多公司已对开发英国的页岩气表现出了浓厚的兴趣。有预测称，页岩气生产会使英国的天然气产量提高两倍，同时创造 3.2 万个就业岗位。新的环评报告也显示，现有的监管制度完全可确保页岩气生产不会对环境造成影响。

中国的非常规天然气资源量达到 280.6 万亿立方米，其中致密气 12 万亿立方米、煤层气 36.8 万亿立方米、页岩气 100 万亿立方米、天然气水合物 131.8

万亿立方米，非常规天然气是常规天然气资源量的 5.01 倍(图 4-13)。

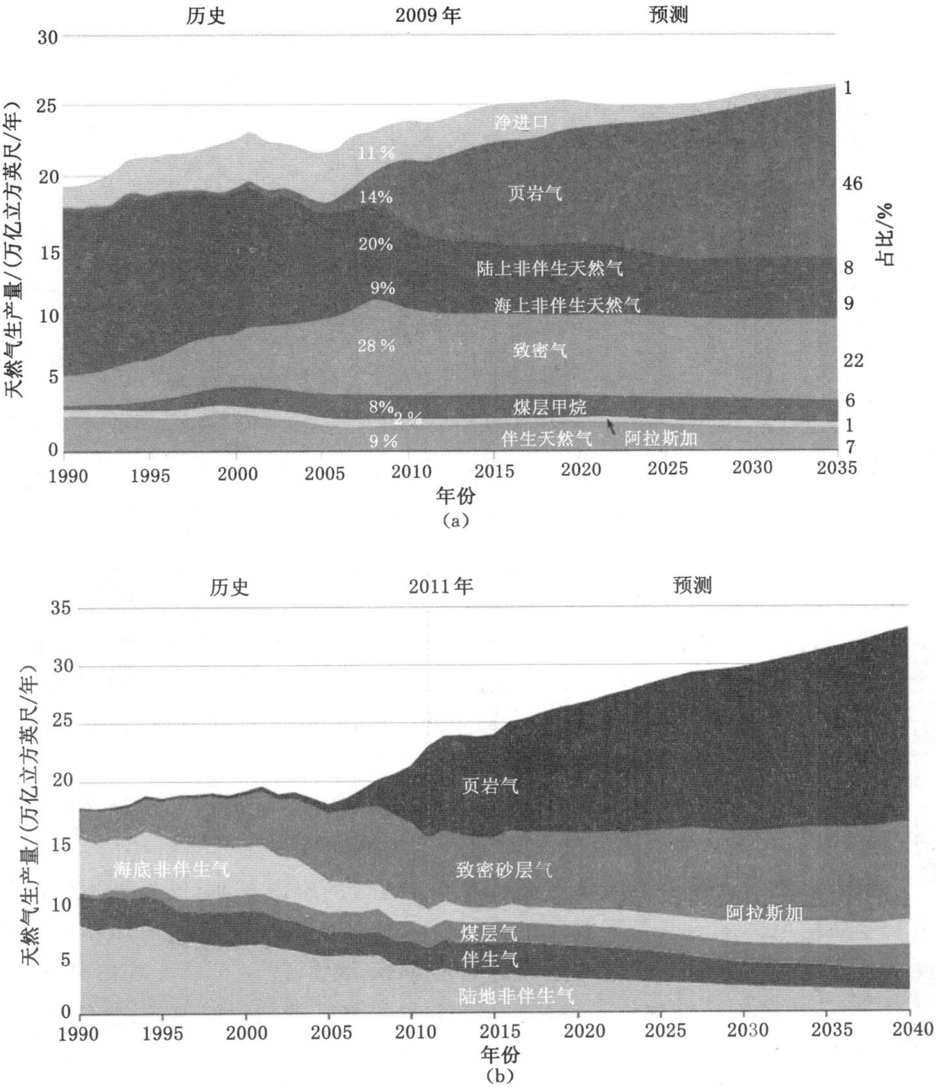

图 4-12 美国 1990—2040 年天然气生产量

(资料来源:EIA)

① 1 立方英尺=0.0283168 立方米，下同。

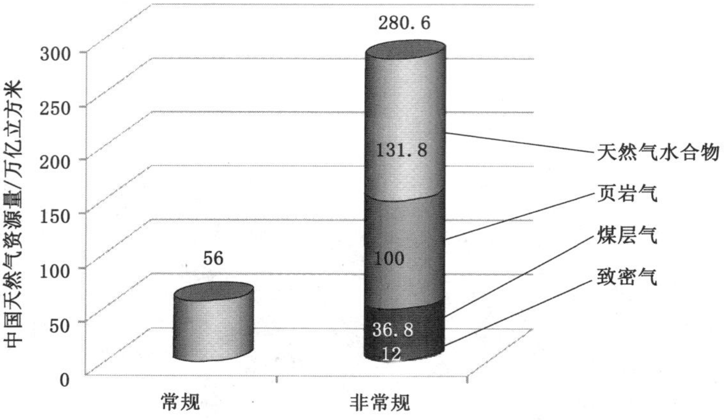

图 4-13　中国常规和非常规天然气资源量

（资料来源：中国石油，2014）

中国非常规天然气资源具有以下的地质特点：南北中广泛分布；深中浅层系复合；海陆相沉积兼有；储层物性复杂；一般与常规油气共生共存。

2009 年 11 月《中美关于在页岩气领域开展合作的谅解备忘录》签署，2011 年 12 月，经国务院批准页岩气成为我国第 172 个矿种。2012 年 3 月，国务院政府工作报告提出“加快页岩气勘探开发攻关”；2012 年 9 月，国土资源部推出 20 个页岩气探矿权招标区块，在全国范围内公开招标。2014 年 7 月，我国涪陵页岩气田焦石坝区块通过评审认定，新增探明地质储量 1 067.5 亿立方米，这标志着我国首个千亿级页岩气田的正式诞生。

页岩气的迅速发展对今后的国际能源市场，甚至国际经济和地缘政治都具有深远的影响，页岩气也被冠以“博弈改变者”的称号（朱凯，2011，2012）。

未来天然气资源潜力增长主要取决于各地区的资源禀赋，已发现油气区仍将是今后新增储量的主要来源。过去 30 年，全球天然气储量的增加在很大程度上是靠现有油气田分布区的重新评价和勘探，特别是现有的大气田分布区。根据 2002 年美国石油地质家协会（AAPG）对世界巨型油田的划分，全球有 595 个巨型油气田（探明储量在 5 亿桶以上油田或探明天然气储量超过 3 万亿立方英尺的气田）。巨型油气田的储量至少占全球总探明储量的 65%。尽管大油田新发现数量在 20 世纪 60 年代以来一直呈下降趋势，但是预计今后油气储量增长将主要来自现有油气区的扩边、储量修订和采收率技术的提高等。

新区勘探仍将是天然气储量增长的重要保证。随着勘探程度不断提高，常规能源开采难度的加大，成功机会的减少，常规油气田的发现也在减少，新发现气田的规模总体呈变小的趋势。新增储量越来越多来自深水、极地等开采难度更大的地区。从未来新区油气发现的地区分布上来看，据美国地质调查局(USGS)2000 年评价结果，西伯利亚盆地、前苏联的巴伦支海和黑海大陆架区、中东以及挪威海上等地区为天然气资源的重要前景区分布区。北极圈地区的待发现油气资源量也很可观，油气占全部油气待发现资源量的比重分别为20.5%和 27.6%。在许多地区，如东西伯利亚和澳大利亚西北陆架，已有大油气田发现但仍未开发。

随着天然气勘探理论和技术的进步，世界低品位和非常规天然气是最具活力的发展方向。随着油气勘探开发转向深水、两极及复杂油气藏，地理和地质条件会更加复杂，这就使未来天然气资源潜力的增长更依赖于油气地质理论的发展和油气科技的进步。随着理论和科技的发展，人们对最终油气资源量的评价不断增加。如美国地质调查局(USGS)发布的《1994 年世界油气资源评估报告》显示，世界天然气可采资源量为 327.4 万亿立方米，而《2000 年世界油气资源评估报告》预测，世界天然气可采资源量为 439.8 万亿立方米，评估结果增加了 112.4 万亿立方米，这表明预示了随着勘探技术的不断提高和地质认识的逐步深化，世界天然气可采资源量将不断增加。因此天然气储量增长前景乐观，勘探前景广阔。

4.2 全球天然气生产格局

4.2.1 生产概况

2015 年，全球天然气产量达到 3.54 万亿立方米。自 1970 年以来，除 1997 年和 2009 年产量受金融危机影响小幅下降外，全球天然气产量一直呈上升趋势，2015 年全球天然气的产量比 1970 年增加了 2.54 万亿立方米，增长 3.57 倍，年均增速为 2.87%(图 4-14)。

虽然全球的天然气产量均呈上升趋势，但从地区分布来看，天然气产量的区域分布很不均衡，各区域和各国的产量增量、增速差异也很大(表 4-2)。

欧洲及前苏联地区是全球第一大天然气生产区，2015 年该区域的天然气生产量占全球总产量的 33%。但该区域的产量增速也并不快，仅高于北美地区，其天然气产量占全球总产量的比重也呈不断下降趋势。俄罗斯是该区域第一大生产国，也是仅次于美国的全球第二大生产国，其产量基本保持稳定，2015 年俄罗斯的天然气生产量占该区总产量的 58.5%。挪威、荷兰、土库曼斯坦、乌兹别克斯坦、英国也是该区域的生产大国，其产量占该区域总产量的比重分别为

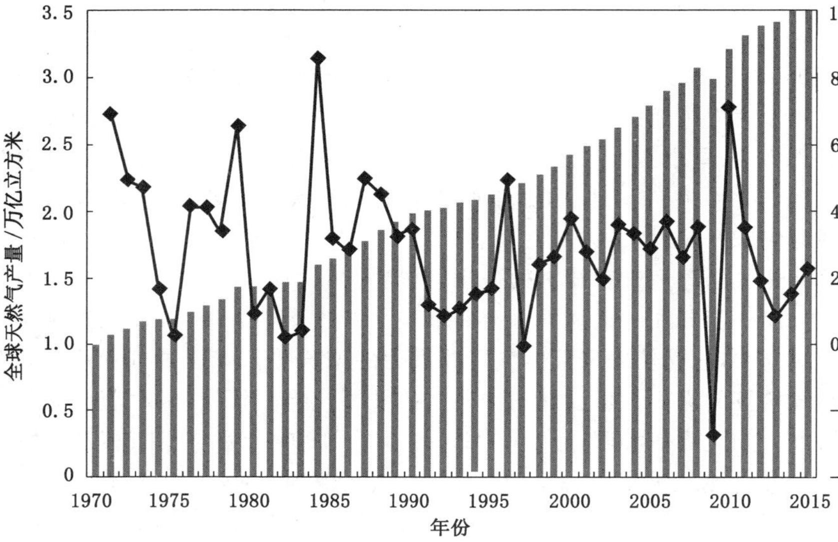

图 4-14　1970—2015 年全球天然气产量
（数据来源：BP，2016）

10.5%、6.6%、5.3%、5.5%和 3.5%。该区域中前苏联国家资源丰富，产量增加潜力较大（图 4-15 和图 4-16）。

北美作为全球第二大生产区域，2015 年该区域天然气产量占全球总产量的 27.8%。但其天然气产量增速较慢，是 1970—2015 年间增速最慢的地区，其天然气产量占全球总产量的比重也呈不断下降趋势，45 年间下降了 39 个百分点。美国是该区域的主要生产国，也是目前全球第一大生产国，2015 年美国的天然气生产量占北美总产量的 77.9%。美国天然气产量的增加得益于非常规气尤其是页岩气的开发，页岩气产量的增加使得美国开始在 2009 年超过俄罗斯成为全球第一大生产国。随着未来非常规天然气开发技术的发展，该地区的天然气产量还会继续增加（图 4-15 和图 4-16）。

中东的天然气产量居全球第三位，且增速较快，是 1970—2015 年间年均增速达到了 9.4%。该区域的产量占比从 1970 年的 1.1%提高到了 2015 年的 17.5%。其两个主要天然气生产大国是伊朗和卡塔尔，2015 年两国的天然气产量占该地区天然气总产量的比重分别为 31.3%和 29.4%。1970—2015 年两国天然气产量的年均增速分别为 9.2%和 12.2%，是全球增长最快的国家之一。其他的生产大国还有沙特阿拉伯和阿联酋（图 4-15 和图 4-16）。

表 4-2　1970—2015 年全球各区域及主要国家天然气产量、占比及增速

地区或国家	1970 年		1980 年		1990 年		2000 年		2015 年		1970—1980 年平均增速	1980—1990 年平均增速	1990—2000 年平均增速	2000—2015 年平均增速	1970—2015 年平均增速
	产量	占比	产量	占比	产量	占比	产量	占比	产量	占比					
北美洲	663.0	66.8	649.9	45.4	640.0	32.3	763.7	31.7	984.0	27.8	−0.2	−0.2	1.8	1.7	0.9
美国	595.1	60.0	549.4	38.4	504.3	25.4	543.2	22.5	767.3	21.7	−0.8	−0.9	0.7	2.3	0.6
加拿大	56.7	5.7	74.8	5.2	108.6	5.5	182.2	7.6	163.5	4.6	2.8	3.8	5.3	−0.7	2.4
墨西哥	11.2	1.1	25.7	1.8	27.1	1.4	38.4	1.6	53.2	1.5	8.6	0.5	3.5	2.2	3.5
中南美	18.1	1.8	34.0	2.4	58.1	2.9	101.2	4.2	178.5	5.0	6.5	5.5	5.7	3.9	5.2
阿根廷	6.0	0.6	8.4	0.6	17.8	0.9	37.4	1.6	36.5	1.0	3.4	7.8	7.7	−0.2	4.1
巴西	0.1	0.0	1.0	0.1	3.1	0.2	7.5	0.3	22.9	0.6	28.8	12.0	9.4	7.7	13.4
委内瑞拉	7.7	0.8	14.8	1.0	22.0	1.1	27.9	1.2	32.4	0.9	6.7	4.0	2.4	1.0	3.2
欧洲及欧亚大陆	281.9	28.4	618.5	43.2	961.2	48.5	936.2	38.8	989.8	28.0	8.2	4.5	−0.3	0.4	2.8
德国	11.0	1.1	18.5	1.3	15.9	0.8	16.9	0.7	7.2	0.2	5.3	−1.5	0.6	−5.5	−1.0
荷兰	26.7	2.7	76.4	5.3	61.0	3.1	58.1	2.4	43.0	1.2	11.1	−2.2	−0.5	−5.9	−1.5
挪威	0.0	0.0	25.1	1.8	25.5	1.3	49.7	2.1	117.2	3.3		0.2	6.9	−2.0	1.1
俄罗斯					590.1	29.8	528.5	21.9	573.3	16.2			−1.1	0.5	
土库曼斯坦					79.5	4.0	42.5	1.8	72.4	2.0			−6.1	3.6	
英国	10.5	1.1	34.8	2.4	45.5	2.3	108.4	4.5	39.7	1.1	12.8	2.7	9.1	−6.5	3.0
中东	10.7	1.1	35.2	2.5	104.4	5.3	207.5	8.6	617.9	17.5	12.6	11.5	7.1	7.5	9.4
伊朗	3.7	0.4	4.8	0.3	26.2	1.3	59.6	2.5	192.5	5.4	2.6	18.5	8.6	8.1	9.2

表 4-2(续)

地区或国家	1970 年		1980 年		1990 年		2000 年		2015 年		1970—1980 年平均增速	1980—1990 年平均增速	1990—2000 年平均增速	2000—2015 年平均增速	1970—2015 年平均增速
	产量	占比	产量	占比	产量	占比	产量	占比	产量	占比					
卡塔尔	1.0	0.1	4.7	0.3	6.3	0.3	23.7	1.0	181.4	5.1	16.8	2.9	14.2	14.5	12.2
非洲	2.8	0.3	24.0	1.7	68.8	3.5	129.6	5.4	211.8	6.0	23.8	11.1	6.5	3.3	10.1
阿尔及利亚	2.5	0.3	14.2	1.0	49.3	2.5	84.4	3.5	83.0	2.3	18.8	13.3	5.5	−0.1	8.1
埃及	0.1	0.0	2.2	0.2	8.1	0.4	21.0	0.9	45.6	1.3	38.3	14.0	10.0	5.3	15.0
尼日利亚	0.1	0.0	1.7	0.1	4.0	0.2	11.8	0.5	50.1	1.4	31.1	9.3	11.3	10.1	14.5
亚太	15.7	1.6	70.2	4.9	150.7	7.6	272.1	11.3	556.7	15.7	16.1	7.9	6.1	4.7	8.2
澳大利亚	1.7	0.2	11.1	0.8	20.7	1.0	31.2	1.3	67.1	1.9	20.4	6.4	4.2	5.2	8.5
中国	2.9	0.3	14.3	1.0	15.3	0.8	27.2	1.1	138.0	3.9	17.4	0.7	5.9	11.2	8.9
印度	0.7	0.1	1.2	0.1	12.0	0.6	26.4	1.1	29.2	0.8	6.0	26.2	8.1	0.7	8.8
印度尼西亚	1.2	0.1	18.5	1.3	43.9	2.2	65.2	2.7	75.0	2.1	31.1	9.0	4.0	0.5	9.5
马来西亚					17.8	0.9	45.3	1.9	68.2	1.9			9.8	2.6	
前苏联	179.1	18.1	393.8	27.5	747.8	37.7	651.5	27.0	751.6	21.2	8.2	6.6	−1.4	1.0	3.2
OECD	745.9	75.2	852.2	59.5	851.7	42.9	1073.9	44.6	1293.2	36.5	1.3	0.0	2.3	1.2	1.2
非 OECD	246.4	24.8	579.6	40.5	1131.6	57.1	1336.4	55.4	2245.5	63.5	8.9	6.9	1.7	3.5	5.0
欧盟	101.7	10.3	197.2	13.8	185.1	9.3	233.6	9.7	120.1	3.4	6.8	−0.6	2.4	−4.3	0.4
全球	992.3		1431.9		1983.3		2410.3		3538.6		3.7	3.3	2	2.6	2.9

数据来源:BP,2016。

注:表中产量单位为十亿立方米,占比单位为%,平均增速单位为%。

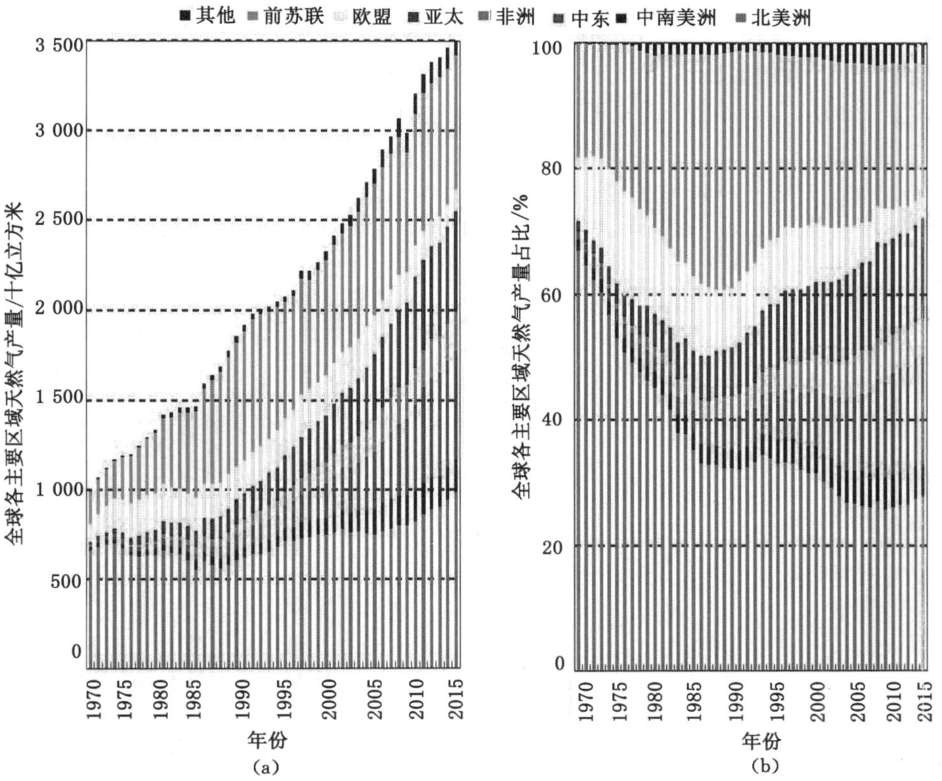

图 4-15 1980—2015 全球各主要区域天然气产量及占比变化

（数据来源：BP，2016）

亚太天然气总产量也稳步增长，占比从 1970 年的 1.6％提高了 2015 年的 15.7％。亚太天然气产量比较分散，几个天然气生产国的产量基本相当。主要的生产大国是中国、印度尼西亚、马来西亚、澳大利亚、泰国和印度，2015 年占本区域总产量的比重分别是 24.8％、13.5％、12.3％、12％、8.5％和 5.2％。这些国家都保持了较高的增速，中国、印度产量的迅速增加主要是满足本国经济发展的需要，而澳大利亚、印度尼西亚、马来西亚等国产量的增加则主要用于满足 LNG 出口的需要（图 4-15 和图 4-16）。

中南美洲天然气产量一直保持着逐步增加的趋势，该区域的产量占比从 1970 年的 1.8％增加到 2015 年的 5.0％，45 年间的年均增速为 5.2％。主要的生产国有特立尼达和多巴哥、阿根廷、委内瑞拉等，2015 年三国的产量占本区域总产量的比重分别为 22.2％、20.4％和 18.2％。特立尼达和多巴哥的产量增速较快，45 年间的年均增速达到了 7.1％(图 4-15 和图 4-16)。

非洲天然气产量也保持着稳步增加的趋势，45 年间的平均增为 10.1％，增速第一，产量占比也逐步增加。其两个主要的天然气生产大国是阿尔及利亚和埃及。2015 年，这两个国家的天然气产量占该区域天然气总产量的比重分别为 37.7％和 28.7％。另外，尼日利亚占 17.5％，利比亚占 7.9％。近年来埃及和尼日利亚天然气产量增长较快，45 年间的年均增速分别为 15.0％和 14.5％，仅次于伊朗和卡塔尔，对非洲产量的增长贡献最大(图 4-15 和图 4-16)。

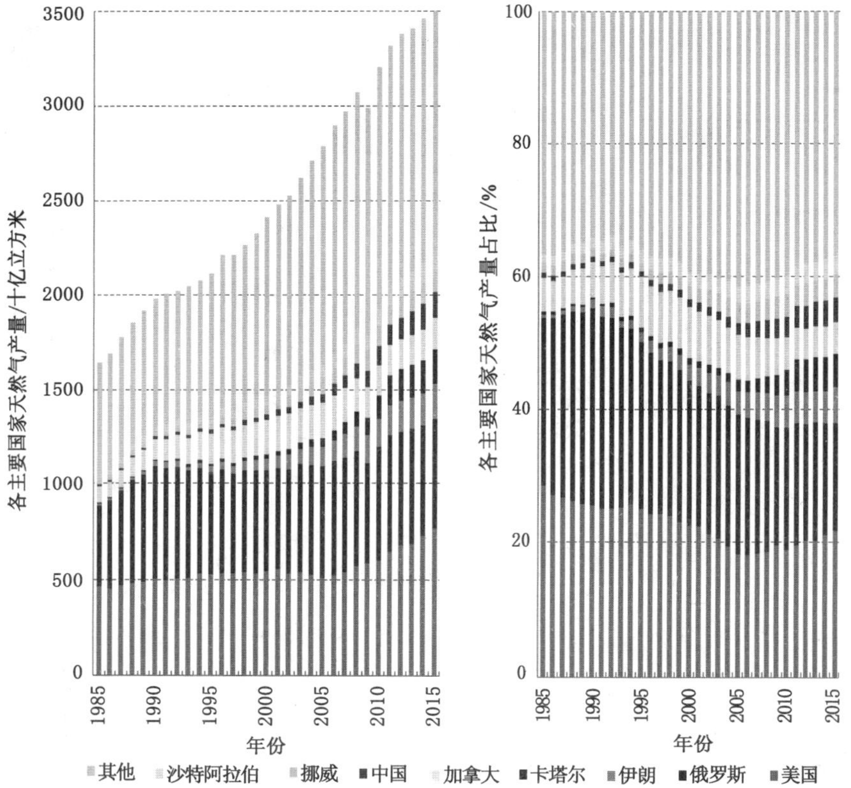

图 4-16　1985—2015 年全球各主要国家天然气产量及占比变化

(数据来源：BP，2016)

2015 年全球天然气产量最大的 10 个国家依次为美国、俄罗斯、伊朗、加拿大、卡塔尔、中国、挪威、沙特、阿尔及利亚、印度尼西亚。其中美俄两国的产量占全球的比例高达 38.1％(图 4-17)。

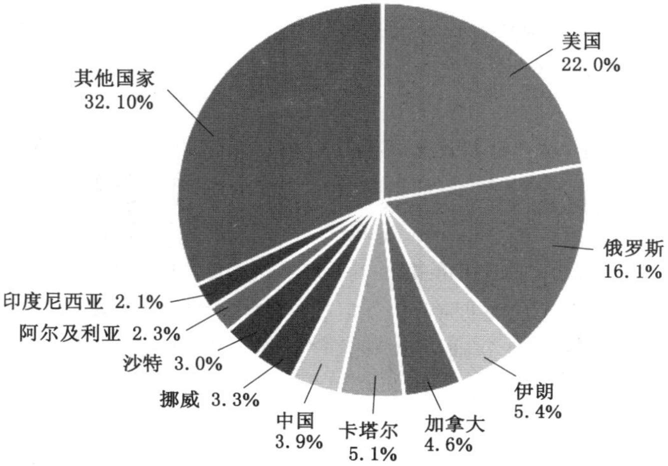

图 4-17 2015 年全球前 10 位国家天然气产量占比

（数据来源：BP，2016）

4.2.2 全球主要天然气矿业公司

按照 2011 年的天然气产量水平排名，全球十大天然气公司分别是俄罗斯天然气工业股份公司、埃克森美孚公司、荷兰皇家壳牌集团、BP、中国石油天然气集团公司、道达尔、诺瓦泰克、雪佛龙、康菲石油和挪威国家石油公司。俄罗斯天然气工业公司以占全球天然气市场 15％的绝对优势遥遥领先。由于油气密切的孪生关系，全球主要的天然气生产公司，也是重要的石油公司，上述公司中至少有 7 家也是位列全球十大排行榜的石油公司。

俄罗斯天然气工业股份公司，英文为 Gazprom，有时音译为“盖茨普洛姆”，简称“俄气”，是俄罗斯最大的企业之一，也是全世界最大的天然气开采企业，其前身是俄罗斯国家天然气康采恩，俄罗斯联邦资产管理总局拥有超过 67％的股份。“俄气”为中欧、东欧和独联体各国提供所需的几乎全部天然气。该公司在 2013 年财富世界 500 强中利润总额达 381 亿美元，排行世界第 3；利润率 24.81％，排行世界第 9；营业额 1535 亿美元，排行世界第 21。

埃克森美孚公司是世界最大的非政府石油天然气生产商，总部设在美国德克萨斯州爱文市。埃克森美孚见证了世界石油天然气行业的发展，其历史可以追溯到约翰·洛克菲勒于 1882 年创建的标准石油公司，至今已有 130 多年的历程。埃克森美孚在六大洲从事石油天然气勘探业务，拥有 8 万多名员工，其严谨的投资方针以及致力于开发和运用行业领先技术及追求完善的运营管理，使之在全球位居行业领先地位。公司连续85年以上获得3A信用等级，是世界上保持这一记录为数不多的公司之一。它是全球第一家市值超过4000亿美元的公司，常位列财富500强前三甲。

荷兰皇家壳牌集团(Royal Dutch/Shell Group of Companies)，是目前世界第一大石油公司，总部位于荷兰海牙和英国伦敦，由荷兰皇家石油与英国的壳牌两家公司合并组成。它是国际上主要的石油、天然气和石油化工的生产商，同时也是全球最大的汽车燃油和润滑油零售商。它亦为液化天然气行业的先驱，并在融资、管理和经营方面拥有相当丰富的经验，业务遍及全球140个国家，雇员近9万人，油、气产量分别占世界总产量的3%和3.5%。它在2012年《财富》杂志世界500强中名列第1位。

BP(British Petroleum)，由多家公司整合重组形成，是世界上最大的石油和石化集团公司之一。总部设在英国伦敦，公司的标志为太阳花，系根据古希腊的太阳神得来。公司的主要业务是油气勘探、开发和炼油；天然气销售和发电；油品零售和运输；以及石油化工产品生产和销售。公司当前的资产市值约为2 000亿美元，拥有逾百万股东，员工8.5万多人。该公司备受女性群体的尊敬与喜爱，同时由于推进绿色环保方面的努力，使其比同行更受欢迎，但2010年5月发生的墨西哥湾原油泄漏事件把该公司推到了国际社会的风口浪尖。自1973年在华拓展业务，积极参与中国的经济建设。迄今BP是中国最大的海上天然气生产企业，中国第一家液化天然气(LNG)的唯一外方合作伙伴，石化领域最大的外资投资企业，中国最大的液化石油气(LPG)进口和营销企业，唯一参与航空燃油服务的外方合作伙伴等。

中国石油天然气集团公司(CNPC)是由中央直接管理的国有特大型企业。作为中国境内最大的原油、天然气生产、供应商，中国石油集团业务涉及石油天然气勘探开发、炼油化工、管道运输、油气炼化产品销售、石油工程技术服务、石油机械加工制造、石油贸易等各个领域，在中国石油、天然气生产、加工和市场中占据主导地位。在美国《财富》杂志2011年世界500强公司排名中居第6位，在“2011中国企业500强”中，以营业收入14 654亿元人民币列第2位，实现利润在国内企业中位居榜首。

道达尔(TOTAL)是非洲最大及中东第二大的油气生产商，也是世界最大的液化天然气的生产商之一。业务范围涵盖三大块：上游(原油和天然气的勘探开发、天然气和电力)(炼制和成品油销售、原油和各类成品油的国际贸易)和化工品，在全球120多个国家开展业务，员工总数12万多人，总部设在法国巴黎。2012年3月该公司位于英国北海的油气田生产平台发生严重天然气泄漏事故。

诺瓦泰克(Novatek)是俄罗斯第二大也是最大的独立天然气公司,将在欧洲天然气贸易业务方面挑战俄罗斯天然气工业股份公司的垄断地位。

雪佛龙原名加利福尼亚标准石油,是1911年标准石油由于反托拉斯案分裂的产物。雪佛龙是美国第二大石油公司。雪佛龙公司是全球最大的综合性能源公司之一。公司凭借一个多世纪在产品创新、创造客户价值等方面的领先经验,为全球100多个国家的客户提供雪佛龙(Chevron)、德士古(Texaco)和加德士(Caltex)品牌的产品和服务。

康菲石油由美国康纳和石油公司(Conoco)和菲利普斯石油公司(Phillips)于2002年合并而成立。新公司承袭了原来两家公司在能源行业200多年的丰富经验和在石油领域的优越技术,使之成为当今世界杰出公司之一。它的核心业务包括石油、天然气勘探、生产、加工和营销,以及化学品和塑料产品的生产和销售。

挪威国家石油公司(Statoil ASA)是于2007年由原挪威国家石油公司(Statoil)和挪威海德罗公司(Norsk Hydro)油气部门合并而成的北欧最大的油气公司,是世界上最大的原油净销售商之一和欧洲大陆天然气的主要供应商。

5 天然气供需和贸易格局

5.1 全球天然气供需格局

全球天然气市场供需总量巨大，从供给和需求的角度看，2015 年全球天然气总产量为 3.37 万亿立方米，同比增长 1.1%，消费量为 3.35 万亿立方米，同比增长 1.4%，供需基本平衡，供应量略大于供应量。纵观 1970—2015 年间，只有在 1976 年、1978 年、1980 年、1983 年、1991 年、1995—1997 年及 2000 年出现了天然气总产量小于消费量，出现供不应求的情况。其中，1995—1997 年连续 3 年供小于求，缺口均在 100 亿立方米以上，1996 年甚至超出了 200 亿立方米（图 5-1 和图 5-2）。

虽然从总量上看，全球天然气的供需基本是平衡的，供给基本能够满足需求。但从不同地区和国家来看，天然气的供给和需求是极不平衡的。全球天然气消费主要集中在北美、前苏联、欧洲及亚太地区。其中欧洲和北美等

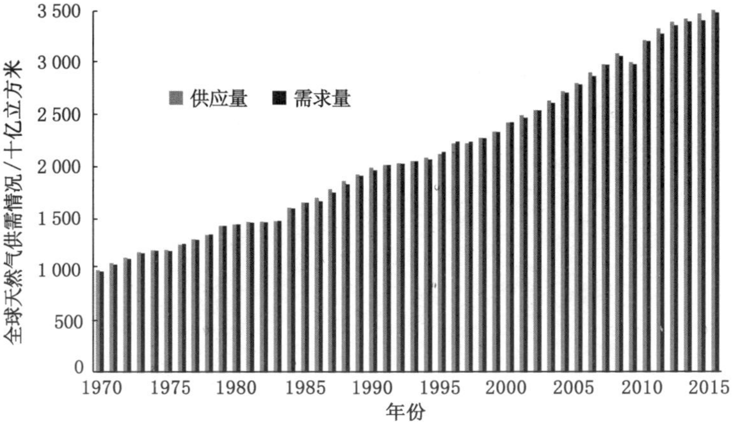

图 5-1 1970—2015 年全球天然气供需情况

（数据来源：BP，2016）

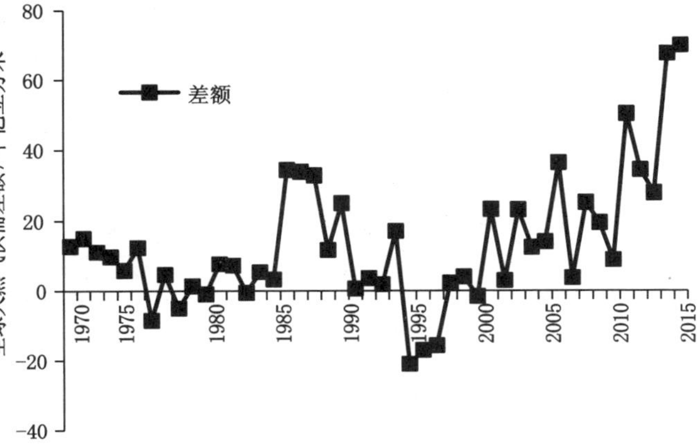

图 5-2　1970—2015 年全球天然气供需差额
（数据来源：BP，2016）

经济发达地区天然气消费增速缓慢，而以亚洲为代表的地区天然气消费增速随着经济的迅猛发展而表现出快速增长的势头。主要的天然气消费大国有美国、俄罗斯、伊朗、中国、日本以及一些欧盟国家，但美国、俄罗斯以及欧盟国家的消费增速较慢，而中国、印度、伊朗、阿联酋等国的消费增速较快。总而言之，天然气消费中心的转移及消费增速的快慢与经济发展程度及速度密切相关。

1970—2013 年，全球天然气供需差额均发生较大变化，在各地区天然气产量持续增长的情况下，满足本地区的天然气消费需求后，通过贸易将剩余的天然气输送到其他供不应求的地区，使得全球的天然气供需基本保持平衡（表 5-1）。

从不同地区来看，天然气供大于求的有前苏联、中南美洲、中东、非洲等地区，这些地区的国家都属于非 OECD 国家。数据表明，随着这些国家的经济不断发展，天然气产量和消费量都在不断增加，但其供需余额明显呈扩大趋势，天然气出口量逐年增加。前苏联天然气供需仅在 1970—1980 年间存在少量的供应缺口，随着经济和技术的发展，1980 年至今其天然气产量快速增加，成为世界天然气的主要出口国。供小于求的地区主要有欧盟、亚太、欧洲及欧亚大陆。欧盟国家大多属于 OECD 国家，随着经济发展，天然气供需缺口也越来越大。值得注意的是，亚太和北美在 20 世纪发生了供需关系的转变。亚太地区 20 世纪七八十年代供大于求（或基本供需平衡），90 年代之后转变成严重的供不应求，主要是受中、印两国经济快速发展的影响，在 2000

表 5-1　1970—2013 年全球各区域及主要国家天然气供需差额

单位：十亿立方米

地区和国家	1970 年			1980 年			1990 年			2000 年			2015 年		
	供应	消费	差额	供应	消费	差额	供应	消费	差额	供应	消费	差额	供应	消费	差额
北美洲	663	645	18	650	638	12	640	637	3	764	794	−30	984.0	963.6	20.4
美国	595	599	−4	549	563	−14	504	543	−39	543	661	−118	767.3	778.0	−10.7
加拿大	56.7	36.4	20.3	74.8	52.2	22.6	109	66.9	42.1	182	92.7	89.3	163.5	102.5	61
墨西哥	11.3	10.2	1.1	25.7	23	2.7	27.1	27.5	−0.4	38.4	40.9	−2.5	53.2	83.2	−30
中南美洲	18.1	18.1	0	34	35	−1	58.1	57.8	0.3	101	95.1	5.9	178.5	174.8	3.7
阿根廷	6.02	6.02	0	8.4	11.5	−3.1	17.8	20.3	−2.5	37.4	33.2	4.2	36.5	47.5	−11
巴西	0.08	0.08	0	0.99	0.99	0	3.06	3.06	0	7.49	9.43	−1.94	22.9	40.9	−18
特立尼达和多巴哥	1.83	1.83	0	2.76	2.76	0	5.27	5.27	0	15.5	9.74	5.76	39.6	21.5	18.1
委内瑞拉	7.71	7.71	0	14.8	14.8	0	22	22	0	27.9	27.9	0	32.4	34.5	−2.1
欧洲及欧亚大陆	282	290	−8	618	636	−18	961	974	−13	936	988	−52	989.8	1003.5	−13.7
德国	11.1	15	−3.9	18.5	57.4	−38.9	15.9	59.9	−44	16.9	79.5	−62.6	7.2	74.6	−67.4
意大利	12	13.7	−1.7	11.4	25.4	−14	15.6	43.4	−27.8	15.3	64.9	−49.6	6.2	61.4	−55.2
荷兰	26.7	16.9	9.8	76.4	33.6	42.8	61	34.6	26.4	58.1	39	19.1	43.0	31.8	11.2
俄罗斯							590	408	182	529	360	169	573.3	391.5	181.8
土库曼斯坦							79.5	9.5	70	42.5	12.2	30.3	72.4	34.3	38.1
英国	10.5	11.3	−0.8	34.8	44.8	−10	45.5	52.5	−7	108	96.8	11.2	39.7	68.3	−28.6
中东	10.7	9.79	0.91	35.2	33.1	2.1	104	97.1	6.9	207	187	20	617.9	490.2	127.7

表 5-1(续)

地区和国家	1970 年			1980 年			1990 年			2000 年			2015 年		
	供应	消费	差额	供应	消费	差额	供应	消费	差额	供应	消费	差额	供应	消费	差额
伊朗	3.7	2.7	1	4.8	4.8	0	26.2	24.1	2.1	59.7	62.9	−3.2	192.5	191.2	1.3
卡塔尔	1.01	1.01	0	4.74	5.21	−0.47	6.3	6.3	0	23.7	9.66	14.04	181.4	45.2	136.2
沙特阿拉伯	1.62	1.62	0	9.72	9.72	0	33.5	33.5	0	49.8	49.8	0	106.4	106.4	0.0
阿联酋	0.83	0.84	−0.01	7.52	4.92	2.6	20.1	16.9	3.2	38.4	31.4	7	55.8	69.1	−13.3
非洲	2.84	1.66	1.18	24	19.5	4.5	68.8	39.7	29.1	130	57.8	72.2	211.8	135.5	76.3
阿尔及利亚	2.53	1.01	1.52	14.2	11.4	2.8	49.3	20.3	29	84.4	19.9	64.5	83.0	39.0	44
埃及	0.09	0.09	0	2.18	2.18	0	8.07	8.07	0	21	20	1	45.6	47.8	−2.2
亚太	15.7	14.6	1.1	70.2	72	−1.8	151	154	−3	272	290	−18	556.7	701.1	−144.4
澳大利亚	1.74	1.74	0	11.1	11.1	0	20.7	16.9	3.8	31.2	20.5	10.7	67.1	34.3	32.8
中国	2.87	2.87	0	14.3	14.3	0	15.3	15.3	0	27.2	24.5	2.7	138.0	197.3	−59.3
印度	0.66	0.66	0	1.18	1.18	0	12	12	0	26.4	26.4	0	29.2	50.6	−21.4
印度尼西亚	1.24	1.24	0	18.5	7.03	11.47	43.9	16.9	27	65.2	29.7	35.5	75.0	39.7	35.3
马来西亚	0	0.01	−0.01	0	1.1	−1.1	17.8	9.91	7.89	45.3	24.1	21.2	68.2	39.8	28.4
巴基斯坦	3.49	3.49	0	7.18	7.18	0	12.2	12.2	0	21.5	21.5	0	41.9	43.4	−1.5
泰国	0	0	0	0	0	0	6.52	6.52	0	20.2	22	−1.8	39.8	52.9	−13.1

数据来源:BP,2016。

年之后天然气需求量猛增。20 世纪 70—90 年代，北美地区的天然气生产量基本能满足消费量，而且略有剩余，但之后由于消费的增速快于产量的增速，供需余额开始缩小并逐渐开始供不应求(图 5-3)。

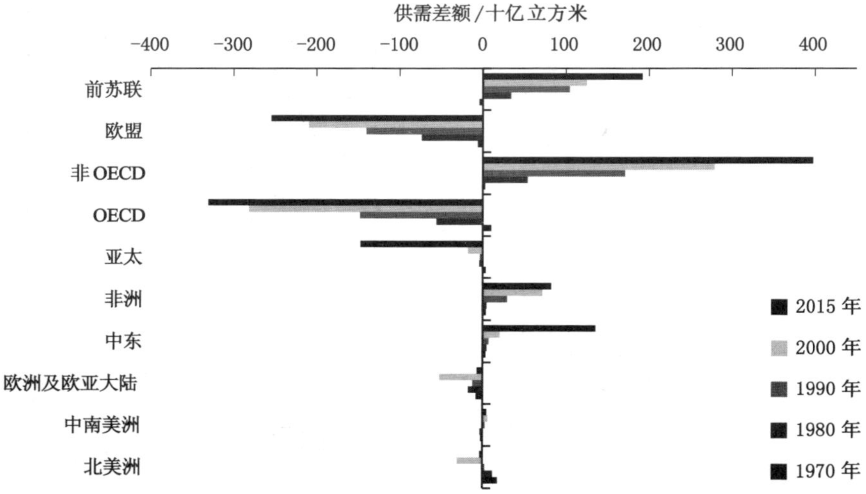

图 5-3　1970—2015 年全球各区域天然气供需差额

(数据来源：BP，2016)

从国家来看，天然气供大于求的国家主要为俄罗斯、卡塔尔、加拿大、土库曼斯坦、阿尔及利亚、荷兰、马来西亚、印度尼西亚、澳大利亚等，1970—2015 年这些国家的供需余额稳步增加，俄罗斯作为世界天然气主要生产国，其供需差额遥遥领先其他国家。天然气供小于求的国家有墨西哥、巴西、中国、印度等发展中国家，也有德国、意大利、日本、韩国等发达国家，除了德国、意大利等老牌发达国家供需差额变化不大外，中国、印度等发展中国家以及日本、韩国等天然气资源贫乏的发达国家，供需缺口都呈现逐步变大的趋势。1970—2000 年美国的天然气一直处于供不应求的状态，供需缺口越来越大，但近几年随着美国非常规天然气尤其是页岩气的成功商业开发，供需缺口开始大幅度缩小(图 5-4)。

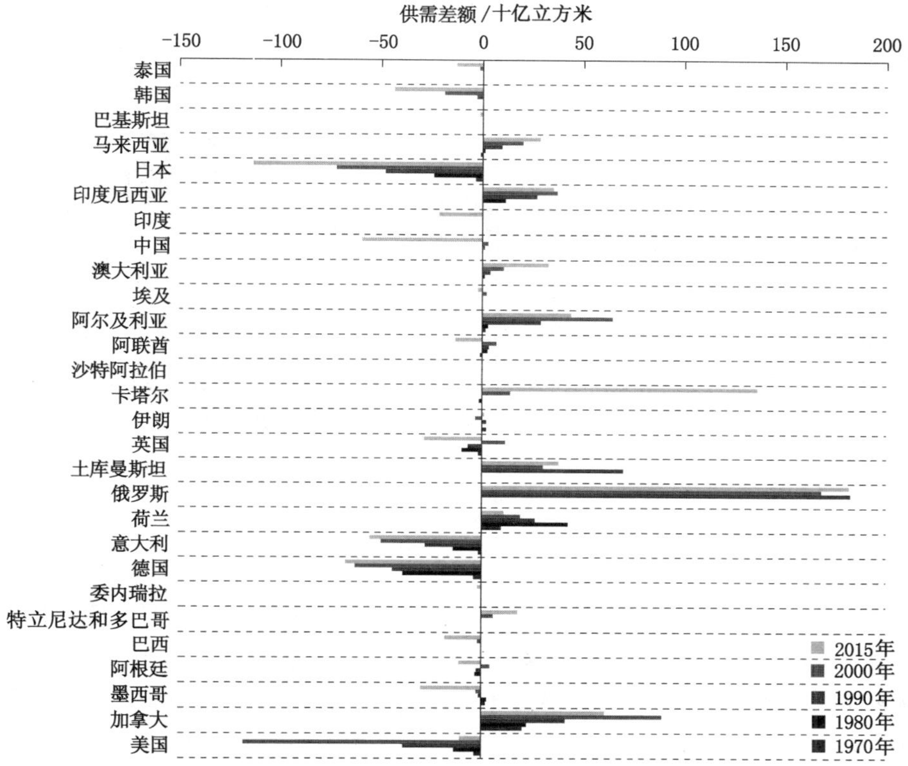

图 5-4 1970—2015 年全球各主要国家天然气供需差额

（数据来源：BP，2016）

5.2 全球天然气贸易格局

全球天然气消费增长和生产的地域不均衡促成了天然气国际贸易市场的形成和逐渐壮大（图 5-5），逐渐形成了欧洲、亚太和美洲 3 个全球天然气贸易中心。

5.2.1 贸易量和流向

20 世纪 70 年代开始，随着若干投资巨大的天然气管道和 LNG 系统的兴建，天然气的国际贸易量开始增加。2002—2013 年，全球天然气贸易量除 2012 年有轻微下降外，总体呈持续增加态势，2002 年为 5 813.4 亿立方米，2013 年达到10 359 亿立方米，12 年间增长了 78.19%，年均增速为 4.9%，贸易量占全球消费量的比重也由 2002 年的 23.1%增加到 2013 年的 30.9%(图 5-5)。

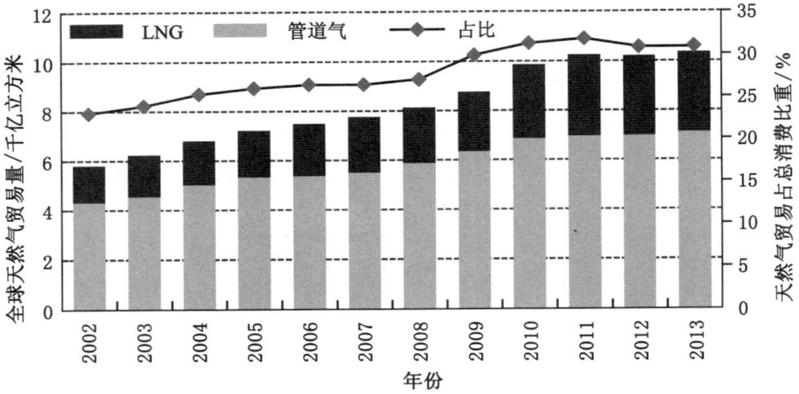

图 5-5　2002—2013 年全球天然气贸易量及占比

(数据来源:FIGNR,2014)

从出口角度来看,2015 年全球天然气出口量最多的地区是前苏联地区,出口量为 2 720.2 亿立方米,占全球总出口量的 26.1%,但较前几年出口量明显减少;欧洲位列第二,出口量为 2 192.8 亿立方米,占比 21.0%;中东位列第三,出口量为 1 543.2 亿立方米,占比 14.8%。其他地区的出口量和占比依次是:亚太地区1 467.0 亿立方米,占比 14.1%,北美洲 1 248.9 亿立方米,占比 12%,非洲地区 847.2 亿立方米,占比 8.1%,中南美洲 405.1,占比 3.9%[图 5-6(a)]。

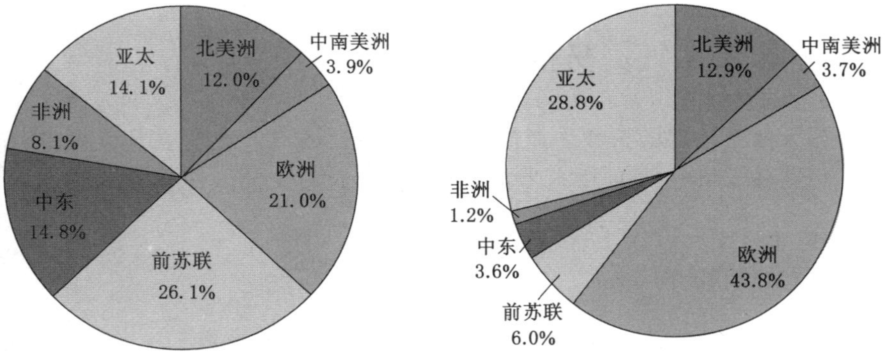

(a) 出口　　(b) 进口

图 5-6　2015 年全球天然气贸易地区占比

(数据来源:BP,2016)

全球主要的天然气出口国有俄罗斯、卡塔尔、挪威、加拿大、荷兰、美国、阿尔及利亚、印度尼西亚等，2015 年这些国家天然气出口量占全球总出口量的比重分别是 19.9%、12.1%、11.1%、7.1%、4.8%、4.0%、3.9%和 3.1%。前 3 位国家出口量占比之和高达 43.1%，前 5 位国家占比之和为 55.1%。

从进口角度来看，2015 年全球天然气进口量最多的地区是欧洲，进口量为 4 564.1 亿立方米，占全球天然气总进口量的 43.8%；亚太地区位列第二，进口量为 2 997.6 亿立方米，占比 28.8%；北美位列第三，进口量为 1 343.8 亿立方米，占比12.9%。其他地区的进口量和占比依次是：前苏联 629.3 亿立方米，占比 6.0%；中南美洲 384.9 亿立方米，占比 3.7%；中东 377.9 亿立方米，占比 3.6%；非洲 126.8 亿立方米，占比 1.2%[图 5-6(b)]。

全球主要的天然气进口国有日本、德国、美国、中国、意大利、土耳其、韩国、法国、英国、荷兰等，2013 年这些国家天然气进口量所占比重分别为 11.3%、10.0%、7.4%、5.7%、5.4%、4.5%、4.2%、4.1%、4.0%、3.1%，占比之和为 59.7%。美国很长时间都是全球第一大天然气进口国，2011 年日本超过美国成为第一大进口国，并持续至今，主要原因有两方面，一是日本的核电站关闭，增加了进口天然气的数量以在发电部门替代核能；二是美国由于页岩气的开发大大提高了国内天然气产量，使得进口量下降。

5.2.2 贸易方式和流向

天然气的贸易主要通过管道和运输液化天然气(LNG)的专用船舶进行。目前全球天然气贸易主要以大口径的管道气贸易为主，2002—2013 年间，管道气贸易量占总贸易量的比重一直在 70%左右。尽管管道气贸易量逐年增加，但增速放缓，2002—2013 年年均增速为 4.2%，所占比重也逐渐下降，2013 年降到了 68.6%。相比之下，全球 LNG 的贸易量增速明显快于管道气，年均增速为 6.7%，所占比重也逐渐增加，2013 年达到了 31.4%(图 5-7)。可以说，正是 LNG 贸易的迅速增长拉动了近几年全球天然气贸易的增长。

可以预料，随着全球几个主要出口国家 LNG 项目的建成，LNG 贸易量将抢占天然气贸易更大的份额。截至 2015 年，正在建设中的 LNG 出口项目见表 5-2。

随着这些 LNG 出口项目的建成，LNG 贸易量还将继续增长。近年来，由于亚太市场气价较高、供需更严峻，因而从大西洋市场吸引了更多的 LNG 交易。尽管美国进口市场已经关闭，但是由于智利、巴西和科威特等国开始进口 LNG，南美和中东将成为新的 LNG 市场。而俄罗斯和也门等国则加入到 LNG 出口国行列。

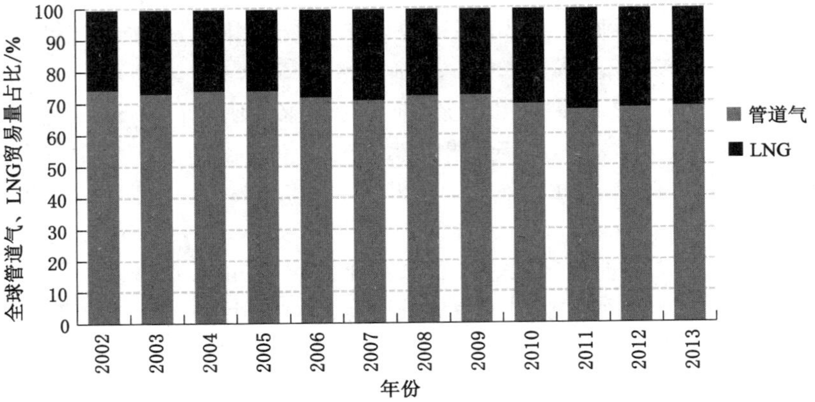

图 5-7　2002—2013 年全球管道气和 LNG 贸易量占比

（数据来源：FIGNR，2014）

表 5-2　LNG 出口项目

国家	项目	运营商	产能		投产日期
			百万吨/年	十亿立方米/年	
澳大利亚	Gorgon LNG	Chevron	15.0	20.4	2014—2015 年
	Queensland Curtis	BG	8.5	11.6	2014—2015 年
	Gladstone	Santos	7.8	10.6	2015—2016 年
	Australia Pacific	ConocoPhillips	4.5	6.1	2015 年
	Wheatstone	Chevron	8.9	12.1	2016—2017 年
	Prelude	Shell	3.6	4.9	2016—2017 年
	Ichthys	Inpex	8.4	11.4	2017 年
印度尼西亚	Donggi Senoro	Mitsubishi	2.0	2.7	2017—2018 年
巴布新几内亚	PNG LNG	ExxonMobil	6.6	9.0	2014 年
美国	Sabine Pass	Cheniere	16	21.3	2015—2016 年
总计			81.3	110.1	

数据来源：IEA，2015。

全球管道天然气的出口地区主要集中在前苏联、欧洲和北美洲，2015 年这三个地区的管道气出口量占全球管道气总出口量的份额分别为：36.6%、29.6%和 17.6%，三个地区之和占全球管道气出口量的 83.8%。其他地区的管道气出口量占比分别为：亚太 4.5%，非洲 5.1%，中东 4.0%，中南美洲 2.6%

［图 5-8(a)］。2015 年管道天然气主要出口国有俄罗斯、挪威、加拿大、美国、荷兰、阿尔及利亚、德国、卡塔尔、英国、印度尼西亚等，管道气出口量占比分别为 27.4%、15.6%、10.6%、7.1%、5.8%、4.1%、4.1%、2.8%、1.9%、1.5%。管道气出口量前三位国家（俄罗斯、挪威、加拿大）的出口量占比之和为 53.5%，前十位国家的出口量占比之和为 80.2%。

全球管道天然气的进口地区集中在欧洲、北美、前苏联，2015 年这 3 个地区的管道气进口量占全球的份额分别为 59.9%、18.5%和 9.4%，占比之和为 87.8%。其他地区的管道气进口量占比分别为：亚太地区 4.1%、中东 4.1%、中南美洲 2.8%、非洲 1.3%［图 5-8(b)］。2015 年管道气进口国家有德国、美国、意大利、土耳其、法国、中国、荷兰、墨西哥、英国、加拿大、俄罗斯、乌克兰、西班牙等，占比分别为 14.8%、10.6%、7.1%、5.6%、5.1%、4.8%、4.3%、4.2%、4.1%、2.8%、2.4%、2.3%、2.2%，这些国家的占比之和为 70.3%。

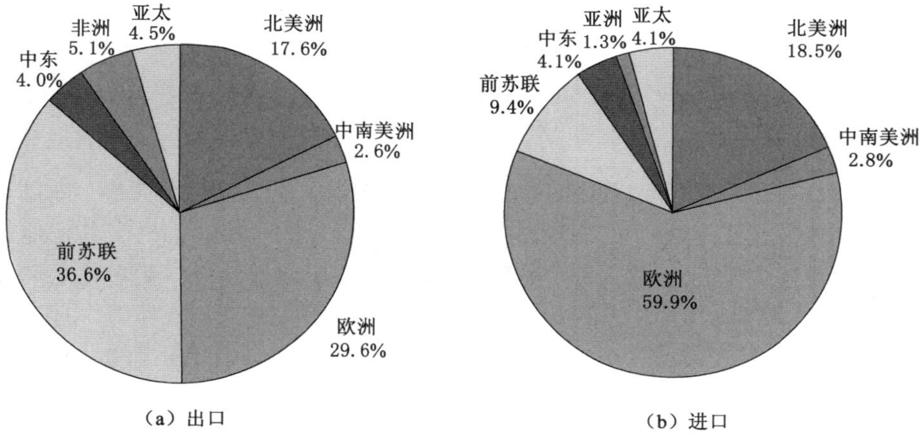

图 5-8　2015 年全球管道天然气贸易量地区占比
（数据来源：BP，2016）

全球 LNG 的出口地区主要集中在中东、亚太和非洲地区，2015 年这 3 个地区的 LNG 出口量占全球总出口量的份额分别为 37.3%、34.1%和 14.4%，占比之和为 85.8%。其他地区的 LNG 出口量占比分别为：中南美洲 6.5%、前苏联地区 4.3%、欧洲 3.2%、北美洲 0.2%［图 5-9(a)］。2015 年主要的 LNG 出口国家有卡塔尔、印度尼西亚、特立尼达和多巴哥、阿尔及利亚、俄罗斯等，LNG 出口量占全球 LNG 总出口量的比重分别为 31.4%、6.5%、5.0%、4.8%、4.3%。卡塔尔的 LNG 出口产能居全球第一，年产能为 1 063.6 亿立方米，近些年来极大地拉动了全球 LNG 的贸易增长。

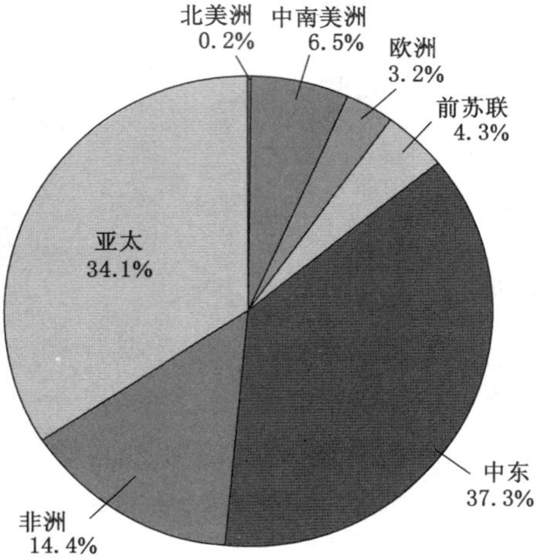

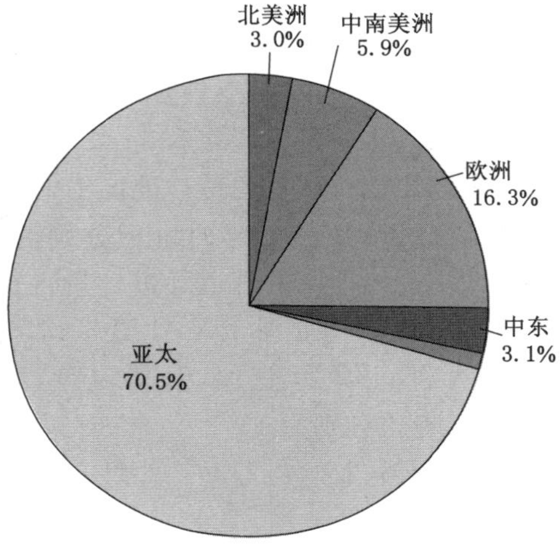

图 5-9　2015 年全球 LNG 贸易量地区占比

(数据来源:BP,2016)

全球 LNG 的进口地区主要是亚太地区,2015 年亚太地区的 LNG 进口量占全球 LNG 总进口量的 70.5%,其次是欧洲地区,占比为 16.3%。其他地区的 LNG 进口量都很少,北美洲、中南美洲和中东三个地区的进口量占比之和仅为 12.0%,[图 5-9(b)]。主要的 LNG 进口国家和地区有日本、韩国、中国、西班牙、英国、法国、意大利、墨西哥等,2015 年 LNG 进口量占比分别为 34.9%、12.9%、7.7%、4.6%、2.9%、2.7%、2.4%,东亚的日韩中三国的 LNG 进口量占比之和就占了全球 LNG 总进口量的 55.5%。

与石油不同,天然气贸易受运输储存条件和供需分离的地理位置限制,存在明显的地域性特征,主要局限于相邻地区,而且贸易量相对较少,因此,全球并未形成统一的天然气市场。全球范围看,主要形成了供需一体化和供需分离两大体系,美洲、中东-东亚、前苏联-欧洲 & 东亚三大区域天然气贸易圈(图 5-10)。

美洲属于供需一体化体系,其最大的需求方为美国,供应方以美国、加拿大、墨西哥、委内瑞拉等国为主,区域内供需基本平衡,以本地管道气为主要形式,定价参考该地区长期管道天然气合同以及 HENRY HUB 市场短期天然气合同价格,供应安全保障程度较高。

前苏联-欧洲 & 东亚和中东-东亚属于供需分离体系,其供需双方在地域、

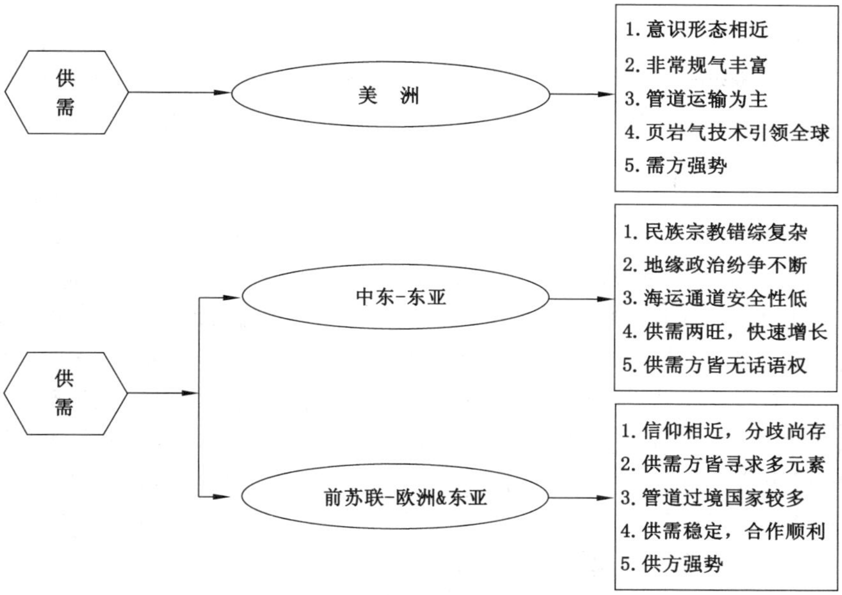

图 5-10 全球天然气两大供需体系和三大区域贸易圈示意图

［资料来源：据中国地质科学院全球矿产资源战略研究中心(2012)修改］

意识形态、政治体制、宗教等方面的差异较大，供应安全程度低。前苏联-欧洲&东亚以管道天然气为主，定价参考欧洲地区低硫民用燃料油、汽油等竞争燃料价格；中东-东亚贸易圈最为复杂、安全度最低，一是因为供应方政局动荡，地缘政治错综复杂，纷争不断；二是因为需求方众多且发展程度差异大；三是因为供需双方意识形态、宗教信仰以及政治体制等各不相同；四是因为供应通道安全度低。日本和韩国天然气需求量非常巨大，印尼出口天然气价格与印尼石油生产价格指数挂钩，其他产区天然气多与日本、韩国的进口原油综合价格(JCC)挂钩。

5.3 天然气价格分析

5.3.1 全球天然气定价机制

由于天然气各区域市场供需格局和定价机制不同，使得天然气价格的区域差异一直存在。全球各地天然气批发定价差别主要取决于其发展阶段以及地区或国家情况，比如政策、监管、进口时国内生产和进口之间的差异、是否进行天然气出口、天然气供应源、合约情况和枢纽中心的贸易情况。自2010年以来，各个市场的价格分化出现扩大迹象。一是由于亚太地区存在日韩两个天然气进口大国，同时中国、印度的能源消耗快速上升，形成亚太市场局部缺气；二是由于美国非常规天然气开采技术突破，导致北美天然气“供大于需”，市场格局转变。

国际气体联盟(IGU)自2006年以来一直在进行一项关于天然气定价机制的研究，主要关注2005年以来的全球定价机制发展。其在2014年6月公布的最新报告(IGU,2014)中，涉及对2013年的分析，确定了8种不同的定价机制：① 气对气竞争(GOG)，指天然气定价以供需平衡为基础，北美、英国、欧洲大陆部分国家及其他一些国家主要采用这种机制；② 油价挂钩(也称为OPE)，指天然气价格随油价浮动，通常是与石油挂钩的长期进口合同的延续，主要用于欧洲、日本、韩国、中国台北和其他一些地区；③ 双边机制(BIM)，反映了两个国家之间的双边协议(通常直接由国家元首签订)，主要出现在前苏联地区；④ 终端产品的净回值定价NET(例如，基于按销售价格的天然气价格)；⑤ 监管—服务成本RCS；⑥ 监管—社会和政治，这种情况下天然气价格将临时决定RSP；⑦ 监管—低于成本价格(比如天然气价格补贴)RBC；⑧ 未报价NP(比如土库曼斯坦，天然气供应免费)。

根据国际气体联盟的调查结果，气对气竞争(GOG)和油价挂钩(OPE)是两种使用最广泛的定价机制，2013年占比分别为43%和19%，而三种监管类型的定价机制共占33%的份额(图5-11)。报告调查表明气对气竞争(GOG)占比持续增长，从2005年需求的30%增至2013年的43%，但油价挂钩(OPE)在2005年和2013年间未呈现增长趋势，出现轻微下降。

5.3.2 全球天然气价格演变

由于定价机制及竞争程度不同，没有形成一个统一的国际天然气价格。根据不同地区的市场结构和供应渠道可以分为北美洲、欧洲和亚洲三个市场，每个市场有各自的定价基准：欧洲市场(以德国天然气进口均价为基准定价)、北美市场(以Henry Hub结算价为基准定价)和亚太市场(以日本LNG进口价为基准定价)。

1984—1999年，三大区域市场价格基本平稳，亚太地区气价保持在3～4美元/百万英热，欧美地区气价则稳定在2～3美元/百万英热。受供气管道局限，天然气市场的地区垄断程度很高，俄罗斯主要供应欧洲市场，东南亚主要供应日本，加拿大主要供应美国。亚太市场的供需矛盾较为突出，其气价略高于欧洲和北美。

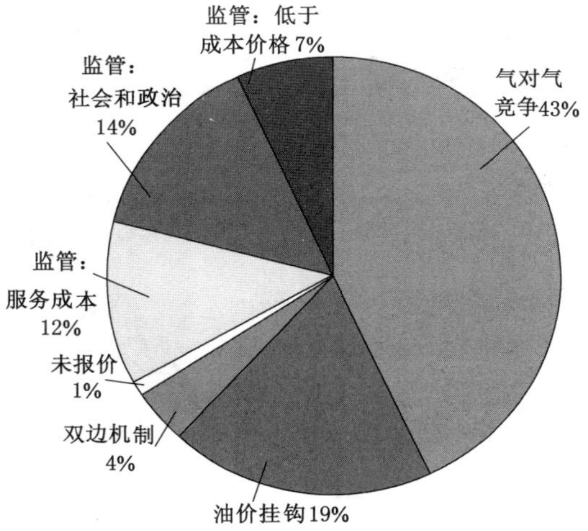

图 5-11　2013 年全球天然气价格构成

（数据来源：IGU，2014）

1999—2008 年，三大区域市场的价差一度缩小至 1 美元/百万英热以内，并持续上涨。这一时期中东 LNG 出口量大增，LNG 的国际间流动性削弱了市场垄断程度，气价差异逐步缩小。同时天然气作为清洁能源受到更多关注，新兴市场消费能力崛起等因素促使气价在这一时期快速拉升，欧洲地区气价年均增幅 15.7%，2008 年达 11.56 美元/百万英热，亚太地区气价年均增幅 13.7%，2008 年达 16.17 美元/百万英热，北美地区气价年均增幅 14.1%，2008 年达 8.85 美元/百万英热。

2008—2015 年，金融危机之后，国际气价大幅下挫，随后三大市场走势分化。美国页岩气产能释放，促使北美地区气价持续走低，一度跌至 2.60 美元/百万英热。欧洲地区气价小幅攀升，维持在 8～10 美元/百万英热。亚太地区气价大幅拉升，涨至 17 美元/百万英热，与北美地区气价差达到 14 美元/百万英热。预计俄、美两个主要天然气出口地形成一定规模之后，有望大幅度缓解亚太地区天然气市场供不应求的状态，收窄区域起价差异，起到稳定亚太天然气市场的作用，为天然气更大范围的应用铺平道路。2014—2015 年三大市场价格下跌，德国和日本气价的下降幅度比美国 Henry Hub 均价大，价差有缩小趋势（图 5-12）。但总体而言，本阶段国际三大市场气价分化的特征明显。

以 2013 年为例，北美天然气价格略有上涨但仍显疲软，美国亨利交易中心的天然气价格为 3.71 美元/百万英热，加拿大阿尔伯达的天然气价格 2.93

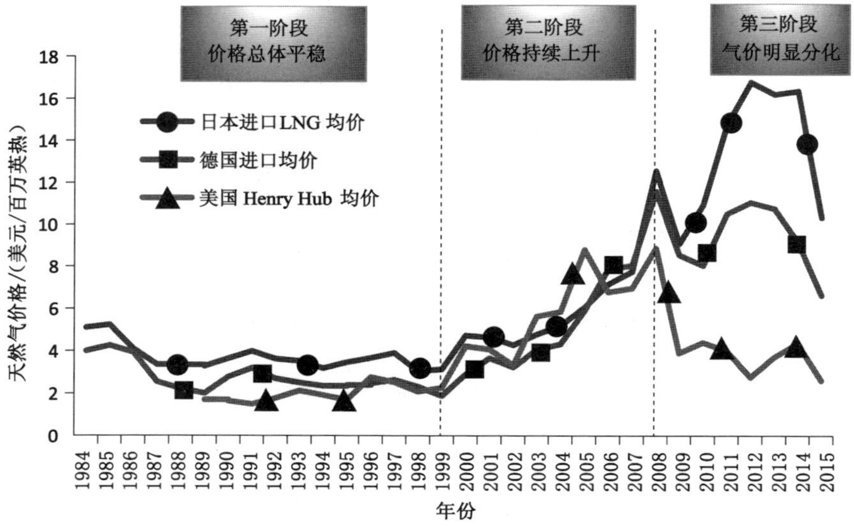

图 5-12　1984—2015 世界三大天然气市场价格走势

（数据来源：BP、国际货币基金组织、穆迪指数网）

美元/百万英热，原因是页岩气产量的继续攀升导致供应量持续增加；欧洲大陆和日本的天然气平均价格略有下降，欧盟平均进口到岸价为 10.72 美元/百万英热，日本进口 LNG 的平均价为 16.17 美元/百万英热。相比之下，天然气价格在英国增长强势，英国 NBP 价格为 10.63 美元/百万英热。

天然气定价与石油价格的关系较为复杂。亚太和欧洲市场气价与油价走势呈现高度的正相关，北美气价与油价走势则表现出弱负相关。

由于欧洲市场和亚太市场的主要天然气进口来源与石油进口来源基本一致，均主要来自前苏联和中东地区，气价与油价的联系十分紧密。亚太和欧洲气价与 Brent 油价相关系数分别达到 0.93 和 0.96，属于高度相关[图 5-13(a)]。

北美天然气市场是完全竞争市场，气价与油价脱钩。2008 年之后，美国页岩气产量持续增长，促使北美气价迅速走低，最低价位不足 3 美元/百万英热，仅为亚洲市场价的 1/4。页岩气革命也同时导致 Henry Hub 价格与油价逐步脱钩，并表现出弱的负相关性，相关系数为−0.3。油价走高刺激页岩气产量增加，进而导致气价走低；反之油价过低，页岩气产量下降，市场供应减少，气价走高[图 5-13(b)]。

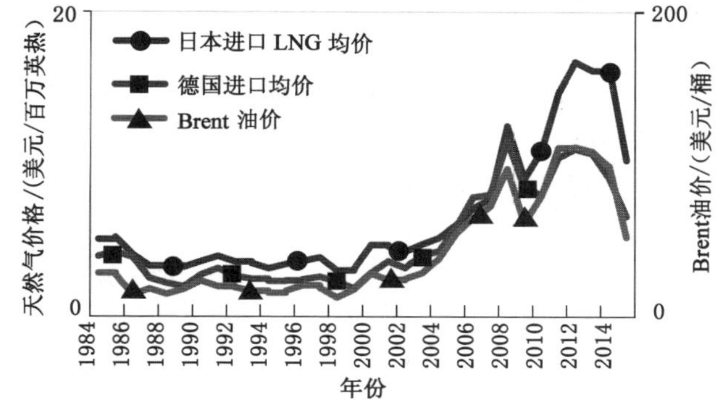

(a)亚太与欧洲市场

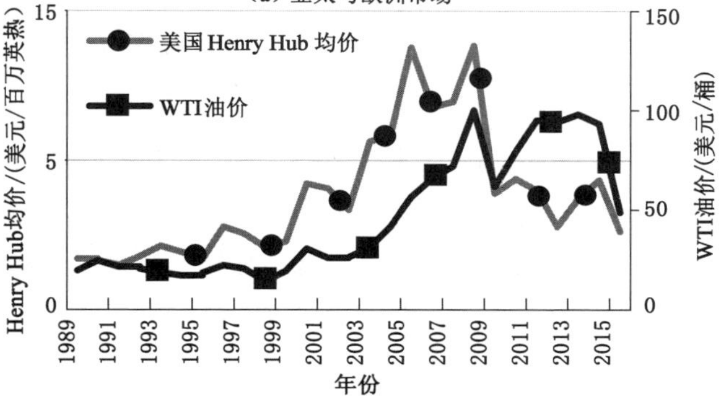

(b)美国市场

图 5-13 天然气价格与油价走势关联性

(数据来源:BP、国际货币基金组织)

5.4 天然气市场分析

巨大的储量、日益成熟的开发使用技术和完善稳定的交易市场,使得天然气快速成长为世界范围内的重要能源。伴随世界经济发展、环保需求提升和人口数量增长,天然气的市场空间还将继续放大。

从经济学供需理论来看,未来全球天然气供应量主要由需求量决定,两者互相影响,并通过价格变动来使供需达到均衡。新兴国家的天然气需求增长较快,以中、印等为代表的新兴经济体面临越来越大的环境和能源安全压力。天然气能量密度大、环境友好的优势,与这些新兴国家快速增长的能源需求完美契合。但天然气作为一种能源商品,又有其独特性(如资源的不可再生性、受经济发展速度和政策规划影响大等),全球天然气的供应量除了受需求和价格的影响外，还取决于天然气资源潜力、各国天然气开发的政策规划及勘探开发技术等。

首先，从总体来看，全球天然气供应量将继续增长，但增速趋缓，与未来需求量的走势基本一致，供需能大体保持平衡。发达国家巨大的能源消费量为天然气提供了稳定的市场，发展中国家快速增长的用气需求为天然气市场提供了增长空间，天然气总产量将持续维持增长态势，基本与消费匹配。但区域的供需不平衡始终存在。2013 年亚洲天然气产量 4 460 亿立方米，消费量 6 170 亿立方米，缺口 1 710 亿立方米，较 2009 年增长 8%；欧洲天然气产量为 2 560 亿立方米，消费量为 4 890 亿立方米，缺口达 2 330 亿立方米，较 2009 年增加 1.8%；欧亚地区依然是国际天然气供需矛盾最突出地区；美洲天然气产量 10 750亿立方米，消费量 10 950 亿立方米，缺口 200 亿立方米，较 2009 年减少 4%（表 5-3）。

表 5-3　2013 年全球区域天然气储量、产量、消费量及其占比

地区	储量及其占比	产量及其占比	消费量及其占比
欧洲	3.7(2%)	256(7.6%)	489(14.6%)
非洲	14.2(7.6%)	204(6.1%)	123(3.7%)
中东	80.3(43.2%)	586(16.9%)	428(12.8%)
前苏联	52.9(28.5%)	776(23%)	576(17.2%)
亚洲	11.5(6.2%)	446(13.2%)	617(18.4%)
大洋洲	3.7(2%)	43(1.3%)	22(0.7%)
北美洲	11.7(6.3%)	899(26.7%)	926(27.6%)
中南美洲	7.7(4.1%)	176(5.2%)	169(5%)

注：储量单位为万亿立方米，产量和消费量单位为十亿立方米，括号内数据表示占比。

其次，非常规天然气未来的前景比较光明。由于其开发成本的降低，在全球各国的分布远比常规气的分布更广泛，特别是像中国和印度等天然气需求和进口大国，复杂的地缘政治问题、持续攀高的进口依存度和气候变化的压力等原因，会加紧对各国国内非常规天然气的开发。因此天然气产量会大幅增长，非常规天然气是推动未来天然气产量持续增长的主要力量。

非常规天然气已经改变了北美天然气市场，其他地区非常规天然气的开发也正在如火如荼地进行。

再次，全球天然气贸易量增长迅速，目前仍以管道气贸易为主，但 LNG 贸易量的增长将快于管道气贸易量的增长。全球天然气贸易量的不断增长，特别是 LNG 现货贸易量的迅速增加，将使市场流动性更高，不同区域市场的天然气价格的相互作用增强，全球的天然气市场正趋于融合。新的参与者不断涌现，进口商要确保供应多样化，出口商要寻求市场多元化，区域间的天然气市场关联日益密切，天然气市场全球化的趋势不可逆转。

从定价机制看，各国国内市场定价朝着能够反映气体能源“真实价值”的市场化定价机制发展。国际市场定价方面，是否能摆脱油价指数定价，主要取决于 LNG 现货贸易量的多少。

最后，国别中，俄罗斯、美国与中国在天然气供需方面的重大变化将对全球的形势产生直接影响。俄罗斯仍将是全球最大的天然气出口国，美国是全球天然气的最大消费国、最大生产国和页岩气开发的引领国，中国是全球最大的非常规天然气资源国、重要的天然气进口国和潜在市场国。

美国目前在天然气方面也在采取与石油相同的策略。事实表明，美国石油库存的涨跌和对未来石油库存量的预期都会帮助美国政府应对世界石油市场动荡，影响国际油价走势，从而使美国拥有相当大的国际石油定价权。2009 年全美国已经拥有相当于近 85 000 亿立方英尺的天然气的地下总库容，约相当于当年全球贸易量的 27%。再加上 LNG 接收站的庞大天然气贮存能力，美国便可能成为全球的一个天然气储存中心，其国内的天然气现货价格也将成为全球天然气贸易的参照价格。美国就可以利用其现货市场达到调控全球天然气市场供需状况，达到维护本国能源安全的目的。中国应尽快建立现货储备和矿产地勘查储备结合的油气储备体系（孔锐，2012）。

6 天然气需求预测与展望

天然气需求预测通常有两种方法:第一种是直接预测天然气消费量,第二种是首先预测出一次能源消费总量,再通过相应的天然气消费量占一次能源消费量的比例,进而得到天然气消费量。本书采用第二种方法,因为该方法充分考虑一次能源的替代关系和综合影响,比单纯地预测天然气消费量更具可信度。

6.1 预测背景和模型

6.1.1 基本预测单位划分

全球有67亿人口,200多个国家。本书选取了123个国家和地区进行分类和天然气需求分析。根据它们的经济发展水平,同时又参考各对象的经济结构、城市化率、基础设施建设等指标,将这些对象归类为五类国家集团,分别对应后工业化期、工业化后期、工业化中期、工业化初期和前工业化期。这里特别说明的是,中东的一些国家,如卡塔尔、科威特、沙特阿拉伯等,尽管其收入水平已达到发达国家水平,但由于其发展几乎完全依赖资源优势,尚未形成完整的经济体系,因此仍将其划为发展中国家。据2013年数据,以上统计的五大国家集团,人口总数为68.45亿,占全球总人口的96%;面积为1.2亿平方千米,占全球总面积的90%;GDP为73万亿美元,占全球GDP的97%;能源消费总量为122亿吨油当量,占全球能源消费的96%。因此,五大国家集团合计完全可以代表全球状况,如果分别对各个国家集团进行天然气需求预测相加,再按照96%的全球占比折算,则可以计算出全球的天然气需求总量。不同国家集团所处的发展时期和典型国家如表6-1所列。

第一类国家集团(Ⅰ):这类国家人均GDP在20 000～30 000盖凯美元之间,共28个国家,人口总量为10.0亿,人均GDP为26 374盖凯美元。这类国家处于后工业化阶段,社会经济成熟度高、基础设施完备、社会财富积累丰富、具有较高的城市化水平。

表 6-1 全球国家集团分类表

国家集团分类	所处时期	2013 年人均 GDP（盖凯美元）	典型国家
第一类国家集团	后工业化	26 374	美国、日本、德国、英国、法国、意大利、加拿大、韩国、澳大利亚
第二类国家集团	工业化后期	11 894	俄罗斯、智利、哈萨克斯坦、波兰、马来西亚、阿根廷
第三类国家集团	工业化中期	9 642	中国、巴西、墨西哥、土耳其、泰国、伊朗
第四类国家集团	工业化初期	4 360	印度、印度尼西亚、南非、越南、菲律宾、乌克兰、埃及
第五类国家集团	前工业化/农业社会	1 914	巴基斯坦、尼日利亚、孟加拉国、缅甸、肯尼亚、埃塞俄比亚、刚果(金)

第二类国家集团(Ⅱ)：人均 GDP 在 10 000～20 000 盖凯美元之间，共 21 个国家，人口总量为 3.9 亿人，人均 GDP 为 11 894 盖凯美元，这类国家处于工业化后期，基础设施和城市化略高于全球平均水平。

第三类国家集团(Ⅲ)：人均 GDP 在 5 000～10 000 盖凯美元之间，共 25 个国家，人口总量为 21.8 亿人，人均 GDP 为 9 642 盖凯美元，这类国家处于工业化中期，城市化率和基础设施水平与全球平均水平相当。

第四类国家集团(Ⅳ)：人均 GDP 在 5 000～3 000 盖凯美元，共 22 个国家，人口总量为 20.6 亿人，人均 GDP 为 4 360 盖凯美元。这类国家处于工业化初期，城市化率较低，基础设施水平一般。

第五类国家集团(Ⅴ)：人均 GDP 在 3 000 盖凯美元以下，共 27 个国家，人口总量为 12.1 亿人，人均 GDP 为 1 914 盖凯美元，这类国家前工业化阶段，这些国家的经济发展水平、基础设施和城市化水平都最低。

6.1.2 国家集团 GDP 和人口的历史数据及未来预测

中国地质科学院全球战略研究中心参考世界银行、国际货币基金组织(IMF)、美国能源情报署(EIA)等国际权威机构对五类国家集团的人口增长、经济增长等预测结果，结合对全球经济发展历史的研究，预测了五类国家集团到 2040 年前的 GDP 以及人口预测数据。经过综合修正后的预测结果见表 6-2。

表 6-2　五类国家集团 GDP 及人口预测数据

		2015 年	2020 年	2025 年	2030 年	2035 年	2040 年
GDP /亿盖凯美元	Ⅰ	266 145	298 192	337 376	381 710	431 870	488 622
	Ⅱ	46 626	54 052	62 357	70 552	79 823	90 312
	Ⅲ	213 659	282 592	353 065	429 558	520 111	617 728
	Ⅳ	92 639	118 797	156 734	214 739	291 449	380 912
	Ⅴ	23 979	29 883	37 596	49 136	64 827	88 819
	小计	643 048	783 516	947 128	1 145 695	1 388 080	1 666 393
GPD 增速 /%	Ⅰ	2.30	2.50	2.50	2.50	2.50	2.50
	Ⅱ	3.00	3.00	2.50	2.50	2.50	2.50
	Ⅲ	6.00	4.70	4.00	4.00	3.50	3.50
	Ⅳ	5.00	5.50	6.50	6.50	5.50	5.50
	Ⅴ	4.50	4.50	5.50	5.50	6.50	6.50
人口 /亿	Ⅰ	10.1	10.3	10.5	10.7	10.8	10.9
	Ⅱ	3.9	4.0	4.0	4.1	4.1	4.1
	Ⅲ	22.2	22.9	23.3	23.7	23.8	23.9
	Ⅳ	21.2	22.4	23.5	24.5	25.3	26.1
	Ⅴ	12.7	14.1	15.7	17.3	19.0	20.8
	小计	70.1	73.7	77.0	80.3	83.0	85.8
人均 GDP /盖凯美元	Ⅰ	26 374	28 896	32 079	35 720	39 901	44 694
	Ⅱ	11 894	13 556	15 476	17 411	19 637	22 179
	Ⅲ	9 642	12 366	15 129	18 160	21 825	25 873
	Ⅳ	4 360	5 298	6 665	8 769	11 502	14 616
	Ⅴ	1 914	2 116	2 399	2 840	3 411	4 275
人均 GDP 增速/%	Ⅰ	1.80	2.10	2.10	2.20	2.30	2.30
	Ⅱ	2.60	2.70	2.30	2.40	2.40	2.50
	Ⅲ	5.20	4.10	3.60	3.80	3.40	3.50
	Ⅳ	3.80	4.40	5.60	5.70	4.80	5.00
	Ⅴ	2.20	2.30	3.40	3.50	4.60	4.70

GDP 历史数据均引用 GGDC 购买力平价法得出的 GDP 数据(PPP)。在参考情形下,2013—2040 年的年均增速为 3.9%,但由于发达国家经济维持低缓增长,全球经济增速也呈现逐步降低的趋势,预计 2020、2030 年和 2040 年全球 GDP 总量将分别达 78.4 万亿美元、114.6 万亿美元和 166.6 万亿美元,较 2013 年分别增加 1.3 倍、1.9 倍和 2.8 倍,增量的 60%以上将来自亚洲发展中国家,亚洲成为全球经济中心。其中,中国的经济增速大大降低,步入新常态阶段。

全球人口方面的历史数据均引用自联合国人居委员会。2013—2040 年,全球人口将维持低缓增长,平均增速为 0.83%;预计 2020、2030、2040 年全球人口将分别达到 73.7 亿、80.2 亿、85.7 亿。2030—2035 年,中国人口将实现零增长,届时人口总量达 14.6 亿,2030 年印度人口总量将达到 14.85 亿,印度将超过中国成为全球人口第一大国,中印两国人口之和占全球比重达 35%,分别是对第三类和第四类国家集团人口贡献最大的国家。

6.1.3　预测模型的建立

如前所述,从农业社会—工业社会—后工业化社会,人均能源消费与人均 GDP 呈现全周期 S 形变化规律。这里选取美国、中国、日本、韩国、澳大利亚、瑞典、挪威、荷兰、德国、法国、比利时和加拿大等 12 个经济体的经济、人口和能源消费等数据,建立了能源预测模型(图 6-1)。

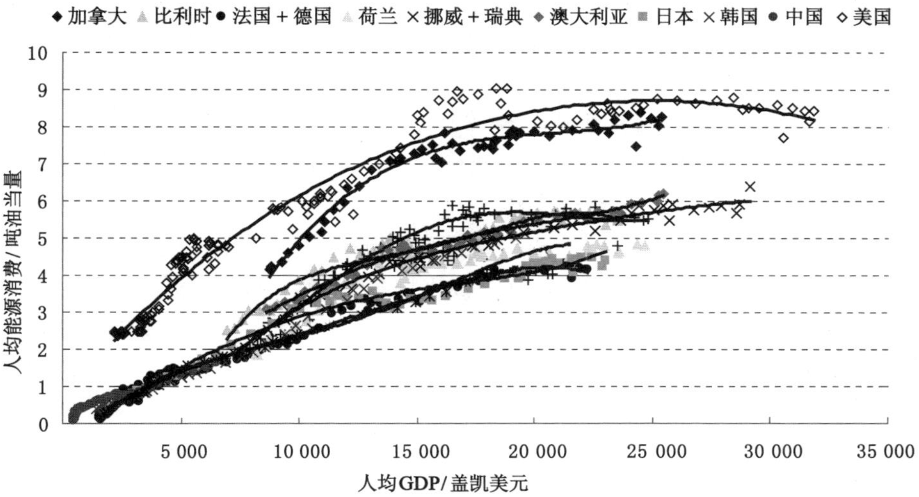

图 6-1　全球能源需求 S 形预测模型

[资料来源:据王安建等(2010)修改]

同时运用部门法,分采掘、石化、其他制造业、发电、供热、生活、交通运输和其他部门等8个部门对天然气的需求预测做了进一步的综合修正(图6-2)。

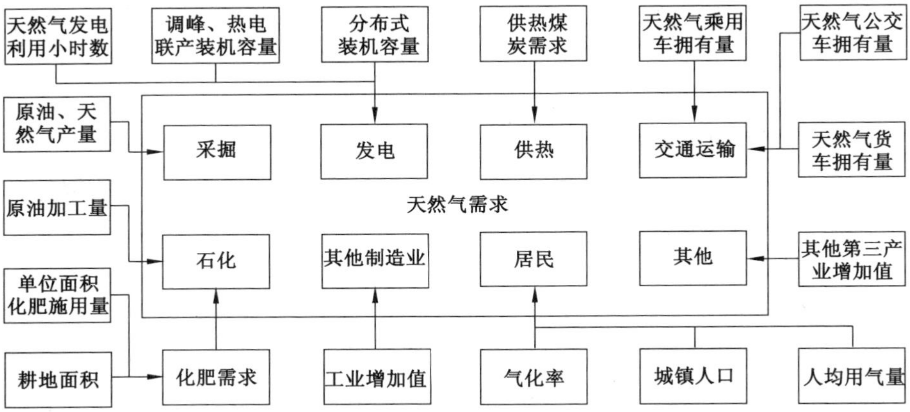

图6-2 天然气需求部门预测模型

6.2 天然气需求预测结果

基于以上对未来全球GDP和人口增长的判断,以人均能源消费与人均GDP增长的“S”形规律为预测模型,结合全球天然气部门终端消费的趋势,2015—2040年全球、各区域和主要国家的天然气需求量预测结果如下。

(1)天然气需求将保持快速增长,2040年将接近成为第一大能源。

到2040年,全球天然气需求总量将持续增长,按参考情景推算,预计到2020年、2030年和2040年全球天然气需求量将分别达到3.9万亿立方米、4.5万亿立方米和4.9万亿立方米,占一次能源总消费量的比例为24.9%、25.7%和26.9%(图6-3),届时与石油的消费占比旗鼓相当。天然气消费年均增速为3.3%,居三种化石能源之首。未来30年,全球天然气累计消费量将达到126万亿立方米,是过去30年累计消费的2倍。

(2)人均天然气需求预测。

2015年全球人均天然气消费量为486.6立方米,预测2015—2040年全球人均天然气消费量是不断增长的,参考情景下,2020年全球人均消费量为507立方米,2030年为541立方米,2040年将达到552立方米(表6-3)。

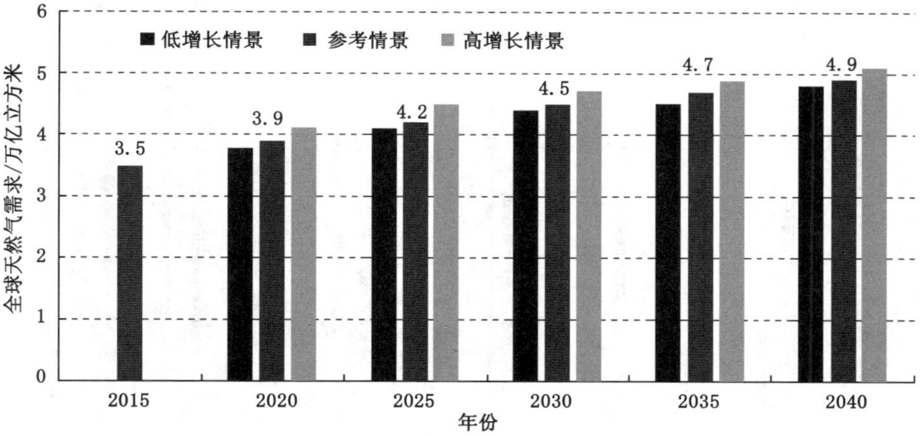

图 6-3 2015—2040 年全球天然气需求预测

表 6-3 全球人均天然气需求预测 单位:立方米

年份	2015 年	2020 年	2025 年	2030 年	2035 年	2040 年
参考情景	486.6	507.3	527.4	540.9	546.8	552.3
高增长情景		525.5	553.3	567.7	576.4	589.6
低增长情景		489.6	501.0	510.7	517.9	522.6

(3) 国家集团天然气需求预测。

按照国家集团的划分,各国家集团的天然气消费均保持增长,其中第三国家集团增长速度最快。2013 年,第一类国家集团是全球最大的天然气消费集团,但 2015 年,第三类国家集团的天然气消费量已经超越第一类国家集团,成为全球最大的天然气消费集团。预计到 2040 年,第三类国家集团天然气需求量将达到 1.8 万亿立方米,较 2013 年增长 68.2%,占全球比重将达到 35.3%(图 6-4)。

(4) 地区天然气供需预测。

根据自然大区的天然气需求预测,欧洲与前苏联、北美和亚太一直占据前三位。2030 年前欧洲与前苏联的消费量一直居首位,2035 年之后亚太的天然气消费量将占据首位,天然气消费增量主要来自亚洲(表 6-4)。

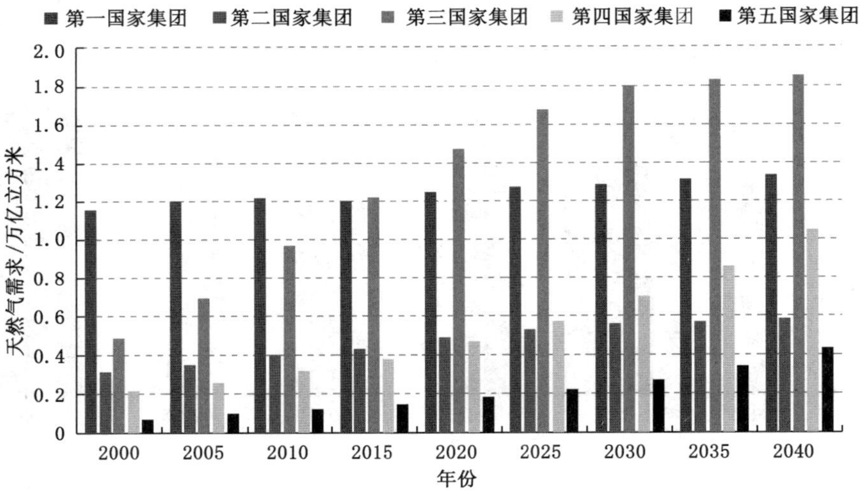

图 6-4 五类国家集团天然气预测

表 6-4 各地区天然气需求预测 单位:亿立方米

地区	2013 年消费	2020 年需求	2030 年需求	2040 年需求
欧洲与前苏联	10 646	11 831	13 035	13 789
中东	4 283	5 657	7 396	9 051
非洲	1 233	1 643	2 277	2 958
亚太	6 390	9 565	12 564	14 990
北美洲	9 317	9 830	10 742	11 642
中南美洲	1 686	2 095	2 813	3 482

2012 年欧洲与前苏联、北美和亚太存在程度不一的需求缺口,但到 2040 年前后,其余地区都能实现天然气供给的自我平衡,只有亚太地区尚存巨大的需求缺口(表 6-5)。

表 6-5 各地区天然气供需求平衡预测 单位:亿立方米

地区	2012 年	2020 年	2030 年	2040 年
欧洲与前苏联	−156	−71	−34	117
中东	1 194	1 113	1 321	13 030
非洲	457	465	488	502
亚太	−1 329	−1 679	−2 269	−2 556

表 6-5(续)

地区	2012 年	2020 年	2030 年	2040 年
北美洲	−207	105	324	443
中南美洲	150	152	191	190

注:负数表示缺口,正数表示剩余。

(5) 典型国家天然气需求预测。

美国、俄罗斯和中国将是全球最大的三个天然气需求国(表 6-6)。2025 年前后,中国将超过俄罗斯,成为全球天然气消费第二大国。2040 年前后,中国的天然气需求将达到 5 500 亿立方米;美国仍然居第一位,需求量为 8 600 亿立方米。

表 6-6 典型国家天然气需求预测 单位:亿立方米

国家	2010 年消费	2020 年需求	2030 年需求	2040 年需求
英国	731	787	854	915
德国	836	922	1 089	1 106
法国	428	473	509	546
俄罗斯	4 135	4 616	4 895	4 690
中国	1 616	3 995	6 004	6 498
日本	1 169	1 227	1 257	1 265
印度	514	729	1 204	1 964
印尼	384	540	866	1 120
加拿大	1 035	1 184	1 291	1 342
美国	7 372	7 701	8 477	8 888
巴西	376	495	706	867

6.3 主要认识和判断

通过全球天然气消费、生产和供需格局的分析,我们得出了如下几点认识。

(1) 全球已经初步形成天然气的 332 格局:亚洲、欧洲和美洲三大天然气消费中心,中东-东亚、前苏联-欧洲 & 东亚、美洲三大区域贸易圈,分属供需分离和供需一体化两种体系。

(2) 沿东亚、东南亚和南亚三个次大陆组成的“反新月形”区域将成为全球天然气需求增长的新引擎。亚洲经济日益崛起，未来数十年，中国、印度、印度尼西亚等人口大国仍将保持中高速增长，届时将带动天然气需求的新一轮增长。

(3) 美国、俄罗斯将在未来的全球能源博弈中占得先机。美国是全球天然气第一大消费国和第一大生产国，引领全球的页岩气革命不是一个伪命题，"蝴蝶效应"正在显现。俄罗斯拥有全球第二的常规天然气储量和第二的天然气产量，是全球最重要的天然气输出地。美俄在实现天然气自给的同时，同时还有对外出口的能力。天然气正成为服务其全球战略和地缘政治的强大武器，乌克兰危机和中俄东、西线天然气管道协议的尘埃落定就是最好的课堂和注解。

(4) 中、印两国在境外油气争夺中有可能产生正面交锋。巨大的能源缺口是悬在两国头上的"达摩克利斯之剑"，而中东和中亚作为重要的油气供应地，将是中国和印度能源角力的主战场。印度正在和哈萨克斯坦、土库曼斯坦、阿富汗和巴基斯坦等国谈判，四国将建设一条从土库曼斯坦里海沿岸地区经由阿富汗和巴基斯坦延伸到印度的输油和输气管线，这条管线建成后将对中国从土库曼斯坦进口天然气构成竞争。印度也或明或暗介入南海纷争，希望达到"围魏救赵"的牵制作用。

(5) 在化石能源占据主体地位的时代，中亚和中东因为丰富的油气资源，依然是全球地缘政治冲突的焦点，不会因为非常规油气的开发和供需格局的转变而缓解，甚至有可能进一步激化。

参考文献

卜小平,2011.中国煤层气产业发展途径与前景分析[D].北京:中国地质大学(北京).

陈赓良,王开岳,等,2004.天然气综合利用[M].北京:石油工业出版社.

崔艳,2008.对我国天然气定价机制的思考[J].当代经济,(6):18-19.

单卫国,2011.全球天然气市场发展及趋势[J].中国能源,33(1):13-16.

邓聚龙,2002.灰色理论基础[M].武汉:华中科技大学出版社.

樊明武,2006.我国天然气行业的垄断性与价格机制研究[J].天然气工业,(6):139-141.

费培根,胡怀年,1996.能源与电力经济[M].合肥:中国科学技术大学出版社.

冯跃威,2012.美国页岩气开发策略研究:美国的页岩气之梦[J].国际石油经济,(Z1):92-100.

高寿柏,1999.国外天然气市场发展给我们的启示[J].国际石油经济,(4):1-6.

高新伟,段诗云,2014.油价下跌情境下激励非常规油气资源有效开采的税收分析[J].价格理论与实践,(12):41-42.

耿江波,2014.国际天然气市场及中国液化天然气供应安全策略研究[D].合肥:中国科学技术大学.

海夫纳三世,2013.能源大转型[M] 马圆春,李博抒,译.北京:中信出版社.

贺罡,2005.中国天然气资源开发利用的技术经济研究[D].成都:西南石油学院.

胡见义,郭彬程,2011.天然气是能源低碳化发展的重要阶段和趋势[J].中国工程科学,(4):9-14.

霍小丽,2008.国外天然气定价机制及对我国的启示[J].中国物价,(1):46-48.

康建国,胡奥林,牟英石,2012.全球背景下的中国天然气市场发展策略[J].天然气技术与经济,(1):3-7.

孔锐,2012.中国油气市场与战略储备研究[D].成都:成都理工大学.

李宏勋,2001.国外培育天然气市场的经验及对我国的启示[J].天然气工业,21(4):103-106.

李建忠,郑民,张国生,等,2012.中国常规与非常规天然气资源潜力及发展前景[J].石油学报,33(S1):89-98.

李君臣,董秀成,高建,2010.我国天然气消费的系统动力学预测与分析[J].天然气工业,30(4):127-129.

李鹭光,周志斌,康建国,等,2011.天然气使用经济价值计算基本方法[J].天然气工业,31(11):1-5.

李鹭光,周志斌,康建国,等,2012.中国天然气主要用途使用经济价值计算:以2009年天然气使用经济价值为例[J].天然气工业,32(3):1-5.

李宁,王冰怀,赵桂英,2009.我国天然气消费量预测研究[J].中国工程咨询,(2):25-27.

李婷,王秀芝,2006.从可替代能源看天然看天然气价格[J].石油化工技术经济,(6):10-13.

李小地,梁坤,李欣,2011.美国政府促进非常规天然气勘探开发的政策与经验[J].国际石油经济,(9):15-20.

李秀慧,2013.全球天然气供需格局研究[D].北京:中国地质大学(北京).

李永波,2009.对我国天然气定价机制改革的思考:兼论国外天然气价格管理模式的经验借鉴[J].价格理论与实践,(12):36-37.

刘满平,2012.借鉴国际经验推进天然气价格改革[J].中国能源,34(2):34-36.

刘小丽,2010.中国天然气市场发展现状与特点[J].天然气工业,30(7):1-6.

龙筱刚,莫浩华,2009.美国天然气价格管理及其对我国的启示[J].价格月刊,(12):33-35.

鲁传一,2004.资源与环境经济学[M].北京:清华大学出版社.

罗伟中,涂惠丽,张智勇,等,2012.对我国建立天然气衍生品市场的思考[J].国际石油经济,(3):19-24

罗佐县,2012.美国页岩气勘探开发现状及其影响[J].中外能源,17(1):23-28.

马宝玲,2014.中国天然气市场化改革的理论与实证研究[D].北京:对外经济贸易大学.

曼昆,2012.经济学原理[M].梁小民,梁砾,译.北京:北京大学出版社.

蒙哥马利,2012.全球能源大趋势[M].宋阳,姜文波,译.北京:机械工业出版社.

牛建娣,2007.我国天然气市场供需状况及发展对策分析[D].北京:对外经济贸易大学.

庞名立,2001.中国天然气市场问题的讨论[J].中国能源,(11):17-21.

秦德先,刘春学,2002.矿产资源经济学[M].北京:科学出版社.

秦园，胡奥林，余萌，等，2011. 2010 年全球天然气供需动向[J]. 天然气技术与经济，5(3)：3-6.

邱中建，邓松涛，2012. 中国非常规天然气的战略地位[J]. 天然气工业，32(1)：1-5.

史立军，周泓，2012. 我国天然气供需安全的系统动力学分析[J]. 中国软科学，(3)：162-169.

童晓光，2010. 大力提高天然气在能源构成中比例的意义和可能性[J]. 天然气工业，30(10)：1-6.

汪安佑，雷涯邻，沙景华，2005. 资源环境经济学[M]. 北京：地质出版社.

王安建，王高尚，陈其慎，等，2010. 矿产资源需求理论与模型预测[J]. 地球学报，31(2)：137-147.

王安建，王高尚，于汶加，等，2011. 中国能源需求展望报告[R]. 北京：中国地质科学院全球矿产资源战略研究中心.

王安建等，2002. 矿产资源与国家经济发展[M]. 北京：地震出版社.

王安建等，2008. 能源与国家经济发展[M]. 北京：地质出版社.

王国樑，2007. 天然气定价研究与实践[M]. 北京：石油工业出版社.

王红晨，2007. 我国天然气的价格研究及政策建议[D]. 北京：对外经济贸易大学.

王立敏，2011. 完善政策法规　促进中国非常规天然气发展："2011 年中国页岩气/煤层气国际研讨会"综述.[J]. 国际石油经济，(6)：31-36.

王淑玲，张炜，2012. 国外页岩气资源及勘查开发现状[R]. 北京：中国地质图书馆.

维克托，贾菲，海斯，2010. 天然气地缘政治：从 1970 到 2040[M]. 王震，等译. 北京：石油工业出版社.

魏一鸣，吴刚，梁巧梅，等，2012. 中国能源报告(2012)：能源安全研究[M]. 北京：科学出版社.

吴灿奇，2012. 未来十年我国天然气利用趋势探讨[J]. 国际石油经济，20(Z1)：110-115.

吴灿奇，杨建红，2012. 广东、广西天然气价格形成机制改革试点方案剖析[J]. 国际石油经济，(6)：22-27.

吴德春，董继斌，1991. 能源经济学[M]. 北京：中国工人出版社.

肖建忠，胡超，王小林，等，2012. 中国天然气市场演变及其保障研究[J]. 中国人口·资源与环境，(12)：143-153.

徐婷，2002. 国内外天然气市场及价格分析[J]. 石油企业管理，(9)：34-36.

许永发，段兆芳，2011. 关于加快中国天然气市场发展的思考[J]. 国际石油经济，(6)：15-19.

杨建刚，2001. 人工神经网络实用教程[M]. 杭州：浙江大学出版社.

杨建红，2005. 中国天然气市场发展形势[J]. 当代石油石化，(10)：32-36，50.

于立宏，2008. 能源资源替代战略研究[M]. 北京：中国时代经济出版社.

张抗，2009. 中国和世界地缘油气[M]. 北京：地质出版社.

张明涛，2007. 我国天然气市场研究[D]. 青岛：中国石油大学(华东).

张卫忠，2011. 世界天然气发展趋势[J]. 国际石油经济，(6)：37-39.

张孝松，2003. 国内外天气市场环境条件比较及启示[J]. 天然气经济，(2)：55-57，83.

张铁斌，2002. 我国天然气市场发展的制约因素和解决途径[J]. 石油管理干部学院学报，9(4)：15-20.

赵晨光，刘继东，刘计国，等，2009. 非常规天然气系统及其在中国的勘探前景[J]. 石油天然气学报，31(3)：193-195.

赵连增，2011. 中国天然气价格困局：天然气价格改革思考之一[J]. 国际石油经济，19(Z1)：98-106，174.

中国能源研究会，2011. 中国能源发展报告 2011[M]. 北京：中国电力出版社.

中国能源中长期发展战略研究项目组，2011a. 中国能源中长期(2030、2050)发展战略研究：电力·油气·核能·环境卷[M]. 北京：科学出版社.

中国能源中长期发展战略研究项目组，2011b. 中国能源中长期(2030、2050)发展战略研究：综合卷[M]. 北京：科学出版社.

中国石油集团经济和信息研究中心，2002. 世界石油年鉴[M]. 北京：石油工业出版社.

周庆凡，白振瑞，杨国丰，2011. 美国页岩气发展现状及对我国的启示[J]. 中国石化(9)：15-18.

周淑慧，陈进殿，刘烁，等，2008. 世界天然气市场发展趋势概述[J]. 石油规划设计，19(1)：5-7.

周跃忠，李婷，2008. 天然气消费需求影响因素探讨[J]. 商场现代化，(28)：187-188.

周志斌，2011. 天然气市场配置及补偿机制研究[M]. 北京：科学出版社.

周志斌，2008. 中国天然气经济发展问题研究[M]. 北京：石油工业出版社.

周志斌，等，2008. 天然气定价体制及相关政策研究[M]. 北京：石油工业出版社.

周志斌，周怡沛，2009. 中国天然气产业链协调发展的基础、前景与策略[J]. 天然气工业，29(2)：1-5.
朱凯，2012. 美国低气价时代页岩气开发趋势分析[J]. 国际石油经济，(6)：14-21.
朱凯，2011. 美国能源独立的构想与努力及其启示[J]. 国际石油经济，(10)：34-47.
朱世宏，张欢，胡国松，2011. 世界天然气市场变局与中国的对策思考[J]. 西南石油大学学报(社会科学版)，(1)：1-6.
AGUILERA R，INCHAUSPE J，RIPPLE R D，2014. The Asia Pacific natural gas market：large enough for all? [J] Energy Policy，65：1-6.
ARORA V，LIESKOVSKY J，2014. Natural gas and U. S. economic activity [J]. The Energy Journal，(3)：167-182.
ASCHE F，MISUND B，SIKVELAND M，2013. The relationship between spot and contract gas prices in Europe[J]. Energy Economics，38：212-217.
ATES A，HUANG J C，2011. The evolving relationship between crude oil and natural gas prices：evidence from a dynamic co-integration analysis[J]. Pennsylvania Economic Review，1(18)：1-9.
ATIL A，LAHIANI A，NGUYEN D K，2014. Asymmetric and nonlinear pass-through of crude oil prices to gasoline and natural gas prices[J]. Energy Policy，65：567-573.
BELTRAMO M A，MANNE A S，WEYANT J P，1986. A north American gas trade model (GTM)[J]. The Energy Journal，7(3)：15-32.
BRITISH PETROLEUM COMPANY，2014. BP statstical review of world energy 2013[R]. London：British Petroleum Company.
BROWN S P A，YUCEL M K，2008. What drives natural gas prices? [J]. The Energy Journal，29(2)：45-60.
CAROL D，2004. International energy markets：understanding pricing，policies and profits[M]. Tulsa：Penn Well Books.
CHIOU-WEI S Z，LINN S C，ZHU Z，2014. The response of U. S. natural gas futures and spot prices to storage change surprises：Fundamental information and the effect of escalating physical gas production [J]. Journal of International Money and Finance，42：156-173.
DOANE M J，SPULBER D F，1994. Open access and the evolution of the U. S. spot market for natural gas[J]. The Journal of Law and Economics，37(2)：477-517.

EBENHACK B W,2009. 能源概论[M]. 北京:石油工业出版社.

EGGING R,GABRIEL S A,HOLZ F,et al. ,2008. A complementarity model for the European natural gas market[J]. Energy Policy,36(7):2385-2414.

EGGING R, HOLZ F, GABRIEL S A, 2009. The world gas model: a multi-period mixed complementarity model for the global natural gas market [J]. Energy,35(10):4016-4029.

ERDÖS P,2012. Have oil and gas prices got separated? [J]. Energy Policy, 49:707-718.

GABRIEL S A, ZHUANG J F, KIET S, 2005. A large-scale linear complementarity model of the North American natural gas market[J]. Energy Economics,27(4); 639-665.

GOLOMBEK R,GJELSVIK E,EINAR ROSENDAHL K E,1995. Effects of liberalizing the natural gas markets in western Europe[J]: The Energy Journal,16(1):85-112.

HARTLEY P R,MEDLOCK K B,ROSTHAL J E,2008. The relationship of natural gas to oil prices[J]. The Energy Journal,29(3):47-65.

HENNING B,SLOAN M,DE LEON M,2003. Natural gas and energy price volatility[R]. American Gas Foundation,Arlington,VA.

HOLZ F,VON HIRSCHHAUSEN,C,KEMFERT C,2008. A strategic model of European gas supply (GASMOD)[J]. Energy Economics, 30(3): 766-788.

INTERNATIONAL ENERGY AGENCY,2011. Natural Gas Information 2010 [R]. IEA/OECD,Paris,France:International Energy Agency.

INTERNATIONAL ENERGY AGENCY, 2012a. Medium-term oil and gas markets 2010[R]. Paris,France:International Energy Agency.

INTERNATIONAL ENERGY AGENCY, 2012b. Golden rules for a golden age of gas[R]. Paris,France:International Energy Agency.

INTERNATIONAL ENERGY AGENCY, 2013. World energy outlook 2013 [R]. Paris,France:International Energy Agency.

KALASHNIKOV V V,MATIS T I,PÉREZ-VALDÉS G A,2010. Time series analysis applied to construct US natural gas price functions for groups of states[J]. Energy Economics,32(4):887-900.

LISE W, HOBBS B F, 2009. A dynamic simulation of market power in the liberalised European natural gas market[J]. The Energy Journal,30(1):

119-136.

LOGAN J,LOPEZ A,MAI T,et al. ,2013. Natural gas scenarios in the U. S. power sector[J]. Energy Economics,40:183-195.

LOUNGANI P,MATSUMOTO A,2012. Oil and natural gas prices:together again? [R/OL]. [2014-10-20]. http://www. usaee. org/usaee2012/submissions/OnlineProceedings/USAEE_PP. pdf.

LUND S E,MARINA T,2006. Russian natural gas exports to Europe:Effects of Russian gas market reforms and the rising market power of Gazprom [R/OL]. [2014-10-20]. https://www. researchgate. net/publication/4797168_Russian_Natural_Gas_Exports_to_Europe_Effects_of_Russian_Gas_Market_Reforms_and_the_Rising_Market_Power_of_Gazprom.

MAXWELL D,ZHU Z,2011. Natural gas prices,LNG transport costs,and the dynamics of LNG imports[J]. Energy Economics,33(2):217-226.

MAZIGHI A E H,2003. An examination of the international natural gas trade [J]. Opec Review,27(4):313-329.

MAZIGHI A E H,2005. Henry Hub and national balancing point prices:what will be the international gas price reference? [J]. Opec Review,29(3):219-230.

MAZIGHI A E H,2006. The drivers behind the globalization of natural gas markets[J]. Opec Review,30(2):71-84.

MESSNER S, 1986. Natural gas trade in Europe and interactive decision analysis [J]. Large-Scale Modelling and Interactive Decision Analysis Lecture Notes in Economics and Mathematical Systems,273:291-302.

MU X Y, 2007. Weather, storage, and natural gas price dynamics: Fundamentals and volatility[J]. Energy Economics,29(1):46-63.

RAMBERG D J,PARSONS J E,2012. The weak tie between natural gas and oil prices[J]. The Energy Journal,33(2):13-35.

ROWSE J,1987. Canadian natural gas exports,domestic gas prices,and future gas supply costs[J]. The Energy Journal,8(2):43-62.

SCHULTZ E,SWIERINGA J,2013. Price discovery in European natural gas markets[J]. Energy Policy,61:628-634.

SERLETIS A,SHAHMORADI A,2006. Returns and volatility in the NYMEX Henry Hub natural gas futures market [J]. OPEC Review, 30 (3): 171-186.

SZIKSZAI A,MONFORTI F,2011. GEMFLOW:a time dependent model to assess responses to natural gas supply crises[J]. Energy Policy,39(9):5129-5136.

TONN V L,LI H,MCCARTHY J,2010. Wavelet domain correlation between the futures prices of natural gas and oil[J]. The Quarterly Review of Economics and Finance,50(4):408-414.

VILLAR J A,JOUTZ F L,2006. The relationship between crude oil and natural gas prices[R/OL]. [2014-10-20]. https://www.researchgate.net/publication/309672273_The_relationship_between_crude_oil_and_natural_gas_prices.

WHISTANCE J,THOMPSON W W,MEYER S D,2010. Ethanol policy effects on US natural Gas prices and quantities[J]. American Economic Review,100(2):178-182.

WHISTANCE J,THOMPSON W,2010. How does increased corn-ethanol production affect US natural gas prices? [J]. Energy Policy,38(5):2315-2325.

WISER R,BOLINGER M,2007. Can deployment of renewable energy put downward pressure on natural gas prices? [J]. Energy Policy,35(1):295-306.

后　记

人类文明的历史就是一部人类学会使用能源、发现新能源和大量消耗能源的历史。在现代社会，能源更是与国家经济安全密切相关，是世界各国的核心利益所在，也是大国博弈的焦点。同时，化石能源的过度消费正成为人类不可承受之重。我国已成为世界第一大能源消费国，一次能源消费结构的最大特点就是“一高一低”，煤炭消费过高，而化石能源中的相对清洁品种天然气消费比重又远低于全球平均水平。

本书以此为研究背景，对新时代全球天然气的格局进行分析和研判，以期为我国能源安全形势判断提供更科学的依据。本书对全球天然气的消费格局、生产格局、供需和贸易格局、价格机制等进行介绍，并以典型国家为例进行深入剖析。最后根据世界银行、经济合作与发展组织等权威机构对资源、人口、经济、环境的预测，对全球、大洲和典型国家到2040年前的天然气需求量进行预测，从部门消费的角度对预测值进行了进一步的评估和修正，并分析了未来的供需差额。

本书根据笔者2013—2016年在中国地质科学院全球矿产资源战略研究中心从事博士后研究时对矿产资源战略领域的一点成果整理而成，因此书中数据大多截至2015年12月。能源矿产领域研究所涉及的问题十分广泛，还有许多问题有待进一步研究和深化。由于笔者水平有限，研究还存在不足和缺陷，殷切希望广大读者提出宝贵意见，共同促进我国能源安全保障迈上新台阶。

本著作相关研究工作得到了国家自然科学基金地区科学基金(41962012)、江西省文化艺术科学规划项目(YG2018190)、江西省教育科学“十三五”规划课题(18YB158)、江西省学位与研究生教育教学改革研究项目(JXYJG-2018-167)、中国科学院学部咨询评议项目(2019-DX03-B-014)等的经费支持，并由江西科技师范大学2018年出版资助基金项目资助出版。

中国科学院地质与地球物理研究所刘嘉麒院士以及中国地质科学院王安建、王高尚和闫强研究员为本书的写作提供了大量专业性意见，在此深表感谢！

叶张煌

2019年9月